3時間半で国際的常識人になれる ゆげ塾の速修戦後史 欧米編

ゆげ塾 著

Discover

まえがき
戦後史を始める前に

僕は苦学生だった頃、大家を殺したいと思った。

玄関に出るのさえ億劫になった大家は
ソファーに寝そべりながら家賃を受け取っていた。

ソファーの周囲には
当時まだ高価だった大きな液晶テレビが3台あり
どのように寝転がっても
テレビが見られるようになっていた。

仮に僕がそのテレビを盗み、大家を殺せば
私的所有権を侵し、何よりも尊い人の命を奪ったとして
罰せられる。

しかし、これは資本主義・自由主義社会の話だ。

共産主義国家であれば、働かずに搾取によって
贅沢していた地主や資本家は処刑の対象になる。

人の命より平等に価値があるとされる。

20世紀初頭に成立した共産国家ソ連は拡大を続けた。
それは、まるでドミノが倒れるが如く…
共産勢力の支配地域は世界の3分の1にまで及んだ。

そして、地主は処刑されていった。
その数は数千万人に及ぶ。
地主や資本家は恐怖した。戦慄を覚えた。
この資本主義体制を、この自身の命と財産を守りたい。
これが戦後史の大部分を占める冷戦の本質である。

サイゴン陥落直前に逃げる人々。
1975年のヴェトナム戦争末期。
共産勢力である北ヴェトナム軍の市内突入を前に。

この「殺す、殺される」の緊張感が分からなければ
この段階の歴史は分からない。

ちなみに余談であるが、僕はその後
予備校講師になり、お金を貯め小さな塾を開き
自由な世界史の授業を日々行っている。

まえがき

つまり、資本主義・自由主義を享受している。

資本主義がいいのか、社会主義がいいのか
僕には分からない。

しかし、その対立と緊張感が
現代史のかなりの部分を構成していることは確かである。

3時間半で国際的常識人になれる
「ゆげ塾」の[速修]戦後史(欧米編)

目次
CONTENTS

3時間半で国際的常識人になれる
「ゆげ塾」の[速修]戦後史(欧米編)

まえがき 戦後史を始める前に ･････････････････････････ 3
自己紹介 ･･･ 20
一般書として読む方へ ･････････････････････････････････ 21
学習参考書として使う受験生へ ･････････････････････････ 24
本書の読み方…とにかく読み進めて ･････････････････････ 25
本書の必須概念…右翼と左翼 ･･･････････････････････････ 26
本書の構成 ･･･ 32

I部　国際関係史

1章　冷戦前夜 ･････････････････････････････････････ 35
- **01** 冷戦は大戦中から進んでいた！？ ･･････････････････ 36
- **02** 勝者の世界分割 ･･････････････････････････････････ 38
- **03** 張り詰めた空気…理由は遅すぎた救援 ･･････････････ 40
- **04** 実は仲が良かった米ソ ････････････････････････････ 46
- **05** 米大統領がソ連に懇願… ･･････････････････････････ 49
- **06** 原爆投下は冷戦開始のゴング ･･････････････････････ 51

2章　高まる緊張 ･･････････････････････････････････ 55
- **01** これが冷戦の荒波だ ･･････････････････････････････ 56
- **02** 余裕で大惨敗したチャーチル ･･････････････････････ 58
- **03** 鉄のカーテンの向こう側 ･･････････････････････････ 60

CONTENTS

- **04** 倒れるドミノを食い止めろ ……………………… 62
- **05** これぞばらまきマーシャルプラン ……………… 65
- **06** 赤い連絡網コミンフォルム ……………………… 67
- **07** 共産主義だけど仲良くしていいですか？ ……… 69
- **08** 東欧の優等生チェコ…まさかの変身 …………… 71
- **09** 人質にとられた陸の孤島…ベルリン封鎖 ……… 75
- **10** 経済力を背景に強引な通貨改革 ………………… 77
- **11** 西ベルリンを救え！…ベルリン大空輸 ………… 79
- **12** 資本主義陣営が建国を急ぐ理由 ………………… 81
- **13** 通貨とは国家である ……………………………… 83
- **14** キーワードは…"民主" …………………………… 85
- **15** 待たせたな！腹をすかした子どもたちよ ……… 86
- **16** 次のソ連軍の動きに備えて ……………………… 87
- **17** 冷戦の中の熱戦 …………………………………… 88
- **18** 平和とはバランス ………………………………… 90
- **19** 倒れるドミノを食い止めろⅡ …………………… 92
- **20** 米比相互防衛条約 ………………………………… 93
- **21** ANZUS ……………………………………………… 94
- **22** 日米安全保障条約 ………………………………… 96
- **23** 米韓相互防衛条約 ………………………………… 99
- **24** SEATO ……………………………………………… 100
- **25** 米華相互防衛条約 ………………………………… 104

26	西ドイツNATO加盟	105
27	METO	107

3章　歩み寄る東西陣営 …… 109
01	雪どけ	110
02	永遠にお別れ	112
03	日ソ仲直り宣言	114
04	とけきらない雪	116
05	まったく同じ恐怖と、まったく同じ対応	118

4章　いじめられっ国の台頭 …… 119
01	ナタで近代要塞に挑む	120
02	勇気づけられた弱者たち	122
03	最強の弱者連合	124
04	第三勢力の仲介	127

5章　平和運動 …… 129
01	平和への道	130
02	史上最大の署名運動	131
03	三度も核に苦しめられ…	132
04	アインシュタインの遺言	134

CONTENTS

II部　戦後アメリカ史

6章　戦後アメリカ概論 ･･････････ 137
01　覚えずにわかる大統領就任年 ･･････････ 138
02　戦争の国アメリカ ･･････････ 140

7章　トルーマン　〜好戦的な高卒大統領〜 ･･････････ 143
01　一応、左派系大統領だが左派にキツい ･･････････ 144
02　国を追われたチャップリン ･･････････ 146

8章　アイゼンハウアー　〜戦嫌いの司令官〜 ･･････････ 151
01　緊張緩和と再緊張の大統領 ･･････････ 152
02　雪どけの 53 年 ･･････････ 154
03　怖いからソ連と仲良くしたい ･･････････ 155
04　ミサイル開発でソ連が先攻をとるワケ ･･････････ 158
05　最高レベルに怖い客 ･･････････ 161
06　U2 事件…スマイルの裏側で ･･････････ 162
07　ぶっちゃけた退官演説 ･･････････ 163

9章　ケネディ　〜非開示の暗殺事件〜 ･･････････ 165
01　若くて金持ちのイケメン大統領 ･･････････ 166
02　残されたフロンティア ･･････････ 168

03	アポロ計画の狙い	170
04	老人と若者による史上最大のチキンレース	172
05	極限の緊張から芽ばえた友情	175
06	核の独占	176
07	「白い黒人」には黒人の気持ちが分かった	178
08	ケネディ暗殺 3つの推測	181

10章 ジョンソン ～偉大な社会と不正義の戦争～　183

01	貧困と差別をなくす「偉大な社会」	184
02	死ぬのはほぼ黒人	185
03	ヴェトナム戦争の敗因はテレビだった	187

11章 ニクソン ～ジョンソンのツケを払い続ける～　191

01	リベンジを果たしたニクソン	192
02	国際通貨体制に激震	193
03	史上最大の詐欺…ニクソン=ショック	196
04	ヴェトナム戦争のヴェトナム化	199
05	互いにノーガードでいこう	201
06	アポロは本当に月に着陸したのか？	203
07	盗聴で辞任	204

CONTENTS

12章 フォード ～戦後一番知名度の低い大統領～ ... 205
01 何もしてない大統領 ... 206

13章 カーター ～とにかく優しい牧師さん～ ... 207
01 ニクソンとは違うぞ 清純派カーター ... 208
02 カーターの優しさ ... 209
03 なぜアメリカが中東の和平を促すのか ... 210
04 とうとう米中国交正常化 ... 213
05 受難の年79年 ... 214

14章 レーガン ～冷戦の勝者～ ... 215
01 悪の帝国と戦う強いレーガン ... 216
02 双子の赤字 財政赤字…軍拡が主因 ... 219
03 双子の赤字 貿易赤字…日本が主因 ... 220
04 純債務国へ転落 ... 222
05 それでも金を集めたいアメリカ ... 223
06 借金の無限ループ ... 224
07 バブル崩壊の原因はプラザ合意だった ... 226
08 全廃だ！！ ... 230

15章 ジョージ・H・W・ブッシュ ～戦争大好き～ ... 231
01 冷戦はヤルタに始まり、マルタに終わる ... 232

02	軍縮は軍縮を必要とする	233
03	ブッシュ家と油	235

16章 クリントン ～ヒラリーのひも?～ ... 237
01	大統領を目指した妻	238
02	軍事技術の恩恵	240
03	環境に関する初の数値目標	242

17章 ジョージ・W・ブッシュ ～僕も戦争大好き～ ... 245
01	最悪の就任祝い	246

18章 オバマ ～核と医療貧困をなくしたい～ ... 247
01	初めて核抑止力を否定	248
02	みんなが病院に行ける社会へ	249

19章 トランプ ～破天荒な大富豪～ ... 251
01	誰もが建前に疲れている	252

CONTENTS

Ⅲ部　戦後西ヨーロッパ史

20章　戦後イギリス史 255
- **01** 総力戦は人々を平等にする 256
- **02** 株主から企業を取り上げろ！ 258
- **03** ゆりかごから墓場まで 259
- **04** 植民地を捨てた。いや、捨ててない 260
- **05** 交渉で香港は維持する 261
- **06** 老獪、再び権力を狙う 262
- **07** さすがにこれだけは手放せない 264
- **08** 頭を下げたが、入れてもらえず 269
- **09** 撤兵、撤兵、また撤兵 271
- **10** イギリス病 272
- **11** 治療薬は競争原理 273
- **12** サッチャーと同じことをした中曽根 275
- **13** 何もない島を奪還した鉄の女 276
- **14** 鉄の女、去る 280
- **15** 労働党なのに戦争を 282
- **16** 全部返して、全部もらおう 284

21章　戦後フランス史 287
- **01** みんなで話し合おう…第四共和政 288

02	フランス軍、相撃つ？	290
03	小麦からミサイルまで	295
04	アルジェリア独立	299
05	冷戦構造の多極化	300
06	英雄ド＝ゴールの退陣	302
07	サッチャーとは違ったミッテラン	304
08	世界の非難を浴びたフランス	305
09	100％アジア系のフランス大統領	306
10	移民の理想と現実	308
11	移動の自由がある弊害	310

22章 戦後イタリア史 ……… 311
01	イタリアが高級ブランドを生む理由	312

23章 戦後スペイン史 ……… 315
01	太陽と地主の国	316

24章 戦後ドイツ史 ……… 319
01	分断後の西ドイツ	320
02	傷口を壁でふさぐ	322
03	ようやく関係修復	325
04	東西ドイツ統合に向けた準備	327

05	2つの国家が1つに	330
06	第四帝国の女帝	333

25章 ヨーロッパ統合 … 335

01	ヨーロッパの壮大な実験	336
02	第一の目的　ヨーロッパの恒久平和	337
03	第二の目的　米ソや日本への対抗	338
04	ヨーロッパ統合の大きな流れ	339
05	EUの元の元は金の分配会議だった	340
06	鉄と石炭をめぐって	342
07	電気も製品も国境をまたごう	345
08	打倒アメリカに向けて	348
09	ECとEUの違い	350
10	ポンドのすごさ	352
11	イギリスのEU離脱	353

3時間半で国際的常識人になれる
「ゆげ塾」の[速修]戦後史（欧米編）

IV部　戦後ソ連・東欧史

26章　戦後ソ連史 ････････････355
- **01** 奇妙な法則？････････････････356
- **02** 陽気なハゲがアメリカに接近････････358
- **03** 仲直りは対立の始まり････････････360
- **04** こっちは息子が死んでんだ！････････361
- **05** そこまでやっていいとは言ってない････363
- **06** 学生 vs 戦車…プラハの春････････365
- **07** 俺の敷いた軌道の上だけで動け･･････367
- **08** ソ連のトラウマ…防壁としての東欧････369
- **09** 自身の道を歩め…東欧革命････････371
- **10** パラボラアンテナで一気に東欧革命････372
- **11** 立派なミサイルとみすぼらしいキッチン･374
- **12** 東側にはガンガンいったブレジネフ････377
- **13** 最後の緊張で相次ぎ倒れる老人たち････379
- **14** 東西陣営最後のにらみ合い････････380
- **15** ロケットから携帯電話へ････････････382
- **16** ゴルバチョフ登場…冷戦の終結･･････384
- **17** 財政難は軍縮を促す･･････････････386
- **18** チェルノブイリとグラスノスチ ･･････387
- **19** ソ連、最初で最後の大統領････････390

20	ソ連崩壊	391
21	バラバラにはならなかった軍隊	394
22	プーチン帝国	395
23	今も昔も警察国家	396
24	ソ連崩壊が引き起こした内戦	397
25	ナショナリズムが動かす原子力発電所	399

27章 戦後ポーランド史 ・・・401
01 電気工のおっさんが大統領に ・・・402

28章 戦後ルーマニア史 ・・・405
01 唯一の流血革命 ・・・406

29章 戦後アルバニア史 ・・・409
01 ヨーロッパの最貧国 ・・・410

30章 戦後ユーゴスラヴィア史 ・・・413
01 五輪開催国で起きた内戦 ・・・414
02 広告代理店が起こした戦争 ・・・415
03 東西ヨーロッパの極端な違い ・・・421

自己紹介

私、ゆげひろのぶは
池袋にある受験世界史専門塾、ゆげ塾の先生です。
日頃は高校生や浪人生と楽しく、世界史を勉強しております。

本書は当塾の戦後史講義を文字起こしして
その後、ビジネスマン向けに編集したものです。

のっけからお詫びしなければなりませんが、
受験生に対する偉そうな講義口調と態度を
あえて残しています。

どうか、ご容赦頂ければと思います。

一般書として読む方へ

本書は忙しいビジネスマン向けに
第二次世界大戦以降の歴史を解説したものです。

載せている情報は
海外のみならず、国内でも仕事をするならば
これを知らないと困る…というぐらいのレベルです。

つまり、世界の常識、最低限求められる知識です。

本書は中学卒業レベルの学力があれば
上巻3時間半、下巻3時間程度で読めるように作っています。

つまり、6時間半で"国際的常識人"になれます。
そして、国際的常識人になったあなたは
会社を、日本をあるべき方向に導けるでしょう。

残念ながら、日本人は歴史を知らなすぎです。
そして、今の日本は
一部の国際的常識人になんとか、ぎりぎり支えられています。

以下は、その具体的な事例です。
ここから、講義調になることはご了承ください。

2008年中国の四川(しせん)地方で大地震が発生。
盆地である四川に至る道路は完全に寸断され
4000万もの被災者が孤立した。

中国政府は日本政府に要請した。
「被災地に支援物資を飛行機で運んでほしい。
その際、自衛隊機でもかまわない。」

日本政府はこの文言どおり、自衛隊機を準備した。
自衛隊機であれば、すぐに楽に出せる。

しかし、一部の官僚には解った。
「やばいことになるかも…」
彼らは、急ぎ、民間機を押さえはじめた。

四川に自衛隊機を派遣すると日本政府が発表した途端、
中国のネット上で、激しい日本批判が展開された。
なぜか？

四川は日中戦争で
大規模な爆撃を受けた経験を持っていた。

四川の中心都市である重慶は当時、中国の首都だった。
日の丸を付けた飛行機が、218日も爆弾を落とし続けた。
中国人なら誰でも知り、世界的にも有名な重慶爆撃である。

中国政府の「自衛隊機でもかまわない」というのは
それくらいまで、追い込まれている…
中国国民世論を無視してでも救援してほしい…
そこまでのSOSだったのだ。

結局、日本政府は自衛隊機派遣を取りやめ
民間機を派遣することになった。

一般書として読む方へ

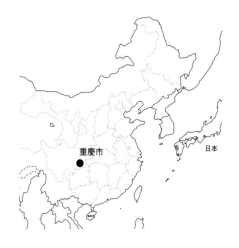

一刻一秒を争う状況であったが
この民間機派遣は極めてスムーズに進んだ。
自衛隊機出発とほぼ同じ予定で救援に発てた。

この「自衛隊機でもかまわない」という真意を
理解した一部官僚が、民間機を押さえていたからであった。

学習参考書として
使う受験生へ

本書を読むことで
センターにおける戦後史は9割、
国立・早慶上智などでの戦後史は8割、取れる。

逆に言えば、9割、8割しか取れない。

本書はビジネスマン向けの政治経済の説明がメイン。
文化史の記述はほとんどない。

確かに、サクサク読めるように作っているため
受験参考書としても本書は有効だろう。

けれど、文化史に関しては
自身で用語集や資料集などを見て補ってほしい。

本書の読み方…
とにかく読み進めて

本書は小説ではない。
しかし、基本的に最初から読んでほしい。
複雑な戦後史を短時間で理解させるために
説明の順番を相当に工夫しているからである。

そして、難しいところがあっても
無理に理解しようとせずに、とにかく読み進めてほしい。
同じ事件が、視点を変えて出てくるので
そこで理解できるようになっている。

同じ事象であっても
世界全体からの視点と、当事国からの視点と
また、その友好国や対立国からの視点がある。

たとえば、1954年のディエンビエンフー要塞陥落に
関しては以下の視点がある。

フランスが植民地を失った…という視点
ヴェトナムが共産国家になっていく…という視点
アジア・アフリカの独立の機運を高めた…という視点

上記はそれぞれ、別のセクションで出てくる。
読み進めれば、
ほとんどの疑問は解決できるように作っている。

本書の必須概念…
右翼と左翼

近現代史を学ぶうえで必須の知識になるのが
右翼・左翼の概念だ。

「右が正しい」「左が好き」などの価値判断は読者に任せる。
ざっくり説明すれば
右翼は不平等、
左翼は平等だ。

「右派」「左派」の呼称は
フランス革命時の議場のどちら側に座っていたかに由来する。

右側に座っていたのが、王様のとりまきである貴族。
真ん中に座っていたのが、商工業者。
左側に座っていたのが、貧乏人側。

表現を変えると
右側の連中は、王制・貴族制維持を望む連中。
真ん中の連中は、資本主義を望む連中。
左側の連中は、社会主義を望む連中。

さらに、表現を変えると
右側の連中は、とても不平等な世襲制度・封建制度を望む。
真ん中の連中は、やや不平等な実力主義を望む。
左側の連中は、結果の平等を望む。

本書の必須概念

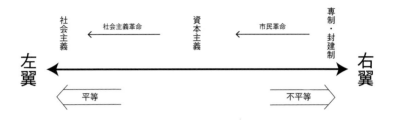

丁寧に見ていこう。

王や貴族の存在は不平等である。
理由は王様の子どもが王様となり
貴族の子どもが貴族になるから。

王や貴族の地位は基本的に世襲だ。
世襲とは
地位や財産や職業などを子孫が代々受けつぐものだ。
そして、この世襲が制度になっている。
これが身分制度だ。

日本でいうと、士・農・工・商だ。
どんなに賢い百姓であっても、百姓は百姓のままだ。
一方、バカ殿も存在してしまう。

支配する者、支配される者の関係があり
封建制度とか、封建的と表現するときもある。

次に、資本主義の説明をしよう。

資本主義とは実力主義の社会だ。
成り上がって商売で成功し、大金を掴むことができる一方、
落ちぶれる可能性もある。

資本主義は、結果の不平等、つまり経済格差は容認するが
機会の平等を、チャンスの公平性を大事にする。
誰もが、努力と才覚に応じて金持ちになれるのだ。

表現を変えれば、チャンスの不平等は容認しない。
つまり、身分制度を否定する。

次に、社会主義を説明する。
本書は初学者向けのため
社会主義と共産主義をほぼ同じ意味で使用している。

社会主義は、結果の平等を重んじる。
パンが10個あって、10人いたら、1人1個ずつ。
貧富の差はない。

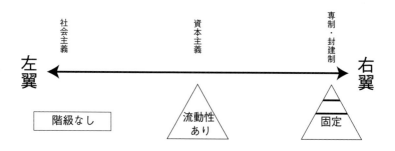

本書の必須概念

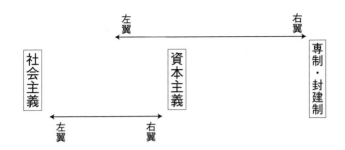

つまり、階級はない。
まとめると…
社会主義では階級がない。だから、平等。
資本主義は階級はあるが、流動的。だから、やや不平等。
封建制度では階級が固定化される。だから、完全に不平等。

平等な左派、不平等な右派。

ここで注意しなくてはいけないのは
右派、左派の概念は相対的なものであるということ。

バカ殿が威張っていて
資本主義と社会主義が共に手を取り合って
革命を起こす段階では、右派はバカ殿、つまり封建勢力だ。

バカ殿をギロチンにかけて
次は資本主義か社会主義のどっちだ…という段階に来ると
資本主義が右派だ。

ここからは右翼・左翼の歴史を大まかに説明する。
かなり難度を上げているので、初学者は読まなくてよい。

29

以下に近代史を強引に数行で説明する。

単純な農業社会は、バカ王様とバカ貴族で回せた。
世襲による身分保障があるので、彼らは努力しない。
ゆえにバカだ。

複雑な工業社会になると
社会の中枢に優秀な人間が必要となり
資本主義社会へ移行する。市民革命だ。

つぎに、現代史も数行で説明すると
二度の大戦で、貧乏人も銃を持ったり
戦争に勝ち抜くための連帯感を養成すべく
社会主義に移行した。

そして、今は大きな戦争もなく
資本主義にある程度戻っている感じである。

最後に、日本を例に上記の話をまとめる。

江戸から明治、そして戦後の過程を経て
身分制度は縮小してきた。

福沢諭吉は
「天は人の上に人を造らず。人の下に人を造らず」と説き
身分制度を否定し、学問ができる奴が出世すべきだと説いた。

日本の資本主義をつくったのは諭吉だ。
だから、万札の真ん中にいるのはダテじゃない。

本書の必須概念

大日本帝国から日本国になると、さらに身分制度は縮小した。
日本の貴族にあたる宮家は
天皇本家（内廷）を含めて、現在、5つしかない。

戦後、相続税が大きくなり、財産の世襲が難しくなった。
家が豊かだからといって、ウカウカしてられないのだ。

家が貧しくても、国立大学であれば授業料は不要になったり
奨学金が充実するなど、資本主義の機会均等が進んだ。

一方、社会主義も進んだ。

身近なものであれば社会保険だ。
国民皆保険制度、強制保険制度ともいう。

金持ちはより高い保険料を税と同じように払わなければならず
一方、貧乏人はより低い保険料の支払いでよい。

そして、金持ちも貧乏人も保険証を見せることで
等しく安く医療が受けられる。
結果の平等を重んじる社会主義がここでは見られる。

以下は余談である。
近現代史をマスターするコツは
自身の政治的ポジションを決めることである。

右か左か決めることで、歴史の当事者になれる。
今、我々はその歴史の延長線上にいるしね。

本書の構成

このページに関しては、飛ばしてもらってかまわない。
玄人向けのページで、かつまったく、面白くないため。

まず、冷戦部分の国際関係史（外交史）をやってから
各国史をやる。

各国史の最初はアメリカ史をやる。
やはり、アメリカが国際関係の中心にいるからだ。

その後、西欧・ロシア（ソ連）・東欧をこの上巻で説明する。
中南米・アジア・アフリカなどは
2017年末発売予定の下巻での説明になる。

次に
冷戦部分の国際関係史（外交史）の順番に関して説明する。

戦争直後からしばらくの間は、単純な米ソの対立だ。
しかし、この米ソの対立を説明するために
先に二次大戦の構図の説明を行う。

その後、単純な米ソの対立から
中ソ対立やフランスの独自外交など
両陣営内部が割れる多極化を見る。

その後の国際関係は基本的に各国史、
特にアメリカ史で説明する。

本書の構成

【WWⅡ】

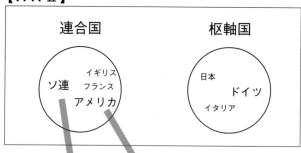

【WWⅡ後・二極化】

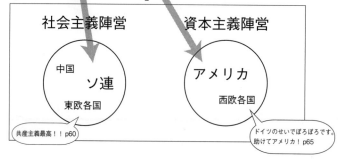

【1950〜60年代・多極化】

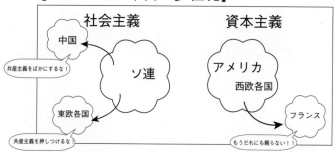

Ⅰ部

国際関係史

1章

冷戦前夜

ベルリンに翻る赤旗。
1945年の二次大戦末期、共産国家ソ連がファシズムのナチスを粉砕。
すでに、この時期から冷戦は展開していた。

01 冷戦は大戦中から進んでいた！？

アメリカを中心とする資本主義陣営と
ソ連を中心とする共産主義陣営がにらみ合った時代。
それが冷戦。

よく「戦後、冷戦が始まった」と言われているが
実は冷戦の基本的な構図がつくられたのは
第二次世界大戦（World War Ⅱ）のさなかのこと。

現代史のほとんどは
「資本主義陣営vs社会主義陣営」で語られる。
その対立の始まりをWWⅡから見ていきたい。

1章
冷戦前夜

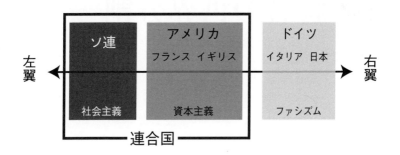

WWⅡは「連合国」対「ファシズム」の戦いである。

ファシズム国家である日独伊は
地主がいる封建的国家と考えてよい。

この地主の国と戦ったのが
資本家の国であるアメリカ・イギリス・フランスと
労働者の国、ソ連であった。

二次大戦では資本家と労働者は共に連合国として
ファシズムと戦った。

二次大戦を要約すると以下になる。

二次大戦とは
地主と共産主義の戦争であり
資本主義国が少しだけ共産側を助けた戦争であった。

02 勝者の世界分割

勝利したのは連合国の方。
しかし、連合国は一枚岩ではなかった。

アメリカ・イギリス・フランスは資本主義であり
ソ連は共産主義であった。

共通の敵であったファシズムに対し協力関係にあるが
資本主義と社会主義は本質的に相容れない。
「ファシズムとの戦いが終われば、次は…」

時はWWⅡの末期。
ドイツの都ベルリンは陥落寸前、あとは日本のみ。

勝利は目前という状況で
連合国の首脳はクリミア半島の避寒地ヤルタに集まった。

会談の目的は、勝者の世界分割。
テーブルに広げられた世界地図を勝者たちは囲んだ。

ファシズムの支配地域を
「ここまでは私たち資本主義陣営が…」
「ここからはソ連が…」
地図に線を引き、お互いの分け前を決めていく。

1章
冷戦前夜

イギリス　　　　アメリカ　　　　　　　　　ソ連
チャーチル　　　フランクリン＝ローズヴェルト　スターリン

地図上に、北緯38度の直線が引かれ
日本領朝鮮の北はソ連、南はアメリカが占領する
といった感じ。

しかし、この会議の空気は…重い。
勝者の世界分割なのに…

03 張り詰めた空気…理由は遅すぎた救援

張り詰めた空気の理由は第二戦線形成問題にあった。
第二戦線形成問題とはソ連の救援要請に
アメリカ、特にイギリスがなかなか応じなかったこと。

WWⅡの第一戦線は言うまでもなく
ドイツとソ連との戦闘が行われた東部戦線のこと。
両国はWWⅡだけで、3000万人近い死者数を出している。

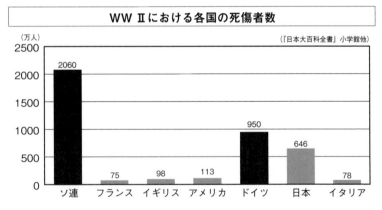

WWⅡにおける各国の死傷者数
(『日本大百科全書』小学館他)

第一戦線で莫大な被害を受けていたソ連は
同じ連合国である米英に救援を要請した。

「もうソ連の全男性の20%も死んでいる…
米英はドイツの西側に第二戦線を形成して
後方から突いてほしい。」

1章
冷戦前夜

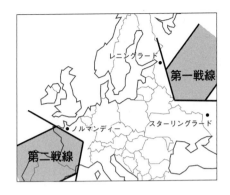

しかし、同じ連合国であるはずの米英は
なかなか救援に向かおうとはしない…

確かに
フランスはこの時すでにドイツの支配下にあった。
アメリカも日本と太平洋でやりあっていた。

しかし、イギリスに関してはこれといった理由もなく
ドーバー海峡越しに、手薄なドイツ軍を
傍観しているだけだった。

イギリスの本当の狙いはこうだ。

「ファシズムと共産主義が共倒れになればいい。
私たち資本主義陣営は高みの見物でもしていよう。」

WWⅡ後に必ずやってくる共産主義陣営との対立を見越して
大戦中に、ソ連の体力を削っておこうと
イギリスは考えていた。

このときのイギリス首相はチャーチル。貴族出身。
ロシア貴族を皆殺しにした
ソヴィエトに対する恐怖は大きかった。

だからソ連の救援要請に応えて
ドイツと本格的に戦闘をする気なんてさらさらなかった。
スターリンの悲鳴を子守歌に昼寝するチャーチル。

これが第二戦線形成問題。

度重なる救援要請に対し動かないイギリス…キレるソ連。
やっと米英が応えたのがノルマンディー上陸作戦。
その作戦開始日は1944年6月6日…う〜ん…遅すぎる…

ソ連に対し
「一応、頑張っていますよ」とアピールするために
史上最大の作戦となったノルマンディー上陸大作戦。

しかし、その上陸部隊の進撃速度は遅い。
無理をしない米英。

40万独軍に対する米英の兵力は150万。
圧倒的兵力の投入にもかかわらず
ノルマンディー地方の制圧に米英は2ヶ月以上もかけた。

その後も、オランダでのパラシュート作戦で
1万5千名の損害を出すとすぐに進撃を止める。
無理をしない米英。

1章
冷戦前夜

一方、ソ連はトータル2000万もの死者を出しながら
ベルリンを落とし、1945年5月8日に
欧州の大戦を終わらせた。

ノルマンディー上陸が1944年6月6日だから
結局、アメリカやイギリスの上陸部隊が
ドイツ軍と戦った期間は1年にも及ばなかった。

それに対しソ連は
1941年の6月22日に独ソ戦が始まってから
ヒトラーの首相官邸に突入するまで、4年も戦い続けた。
救援要請の悲鳴を張り上げながら…

ソ連側の死傷者数は米英とは桁が違う。

ソ連の男はほとんど死んだ。
男女バランスは極端なまでに崩れ
結婚できる女は少なく
こうしてロシアの女は美しくなった。

独ソ戦の激戦地の1つであった旧ソ連領ベラルーシは
スーパーモデルの産出国として著名だが
その歴史は悲しい。

話を戻す。
上記の第二戦線形成問題があったために
ヤルタ会談は険悪ムードで始まったのであった。

1章
冷戦前夜

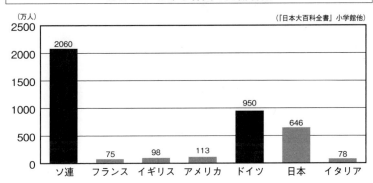
WWⅡにおける各国の死傷者数 (『日本大百科全書』小学館他)

04 実は仲が良かった米ソ

ヤルタ会談で対立しあうイギリスとソ連…
アメリカが仲を取り持ち、何とか話がまとまった。

どうしてアメリカが
イギリスとソ連の仲を取り持ったのか。
取り持つことができたのか…

意外かもしれないけど、この段階までは米ソは仲が良い。

確かに
第二戦線形成問題に関してアメリカにも責任はある。

しかし、ローズヴェルト大統領は
独ソの共倒れを期待したわけでなく
米兵の死者数拡大を恐れて、戦線拡大に消極的だった。

アメリカは変わった国である。
アメリカは戦争しまくるが
少しでも死者を出すと、選挙で負けて政権が飛ぶ…

アメリカの基本要素をしっかり記憶してほしいので
以下、あえて極めて乱暴な表現を使う。

1章
冷戦前夜

ヤルタ会談(1945.2)

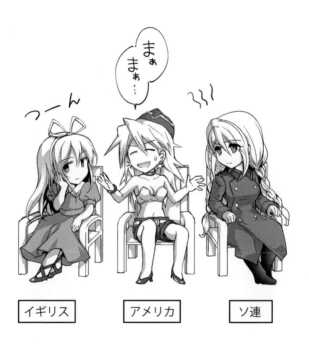

一次大戦で欧州各国が百万単位で死者を出すなか
"たかだか"30万の死傷者を出しただけで
アメリカ民主党はその後12年間、選挙で負け続けた。

アメリカとはそういう国である。

話をヤルタ会談に戻そう。
スターリンはそういった米国の事情を理解していた。

また、ローズヴェルトの思想はソ連寄りだった。
彼は合衆国の大統領でも、かなり左派的だった。

自身も車いすの大統領で社会的弱者であったし
恐慌対策のニューディール政策は社会主義的だった。
特に労働者に優しかった。

だから、ヤルタ会談でも
貴族の国イギリスと労働者の国ソ連の間に入って
仲を取り持つことができた。

1章
冷戦前夜

05 米大統領が ソ連に懇願…

確かに、ローズヴェルトは車いすに乗った左派の大統領だが
ヤルタ会談を米国がちゃんとまとめた最大の理由は
ソ連の対日参戦を切望していたからであった。

米軍が太平洋を進み、日本本土に近づくにつれ
アメリカの死傷者数は着実に増えていった。

くどいようだが、アメリカは戦争する国にもかかわらず
戦死者数には極めて敏感な国である。
余談になるが、ゆえに今日、ドローンを量産している。

これ以上死傷者を増やしたくないアメリカは
ソ連の対日参戦を切望していた。

しかし、これには少し無茶がある。

イギリスが主犯とはいえ
今まで助けに行かなかったソ連に対し
今度はアメリカを助けてほしいという…

日ソ中立条約を破るという、ソ連の国家的信用の低下もある。

そのため、ローズヴェルト大統領は地図を広げ
多大な譲歩を示した。

「どうぞ、どうぞ…朝鮮半島は38度まで、ソ連軍南下OKです。
こちらも、どうぞ…樺太と千島列島全部を！
紙には残せないけど北海道の北半分も…」

この多大な譲歩の理由は
単にソ連の対日参戦を引き出したいだけでなく
戦後の平和までも心配したからであった。

「第二戦線形成の遅れは本当に悪かった。
これらはそのお詫びです。ファシズムを倒した後も
資本主義・共産主義は共に、仲良くいきましょう。」

そして、このヤルタ会談が
ローズヴェルト最後の仕事となった。

1章
冷戦前夜

06 原爆投下は冷戦開始のゴング

ヤルタ会談の2ヶ月後、
沖縄上陸成功の報を受け取った
フランクリン＝ローズヴェルトは死去。

副大統領トルーマンが大統領に昇格した。
そして、戦後の対立を避けたい…という気持ちは
トルーマンには受け継がれなかった。

高卒で大統領にまで上り詰めたトルーマン。
失敗した事業の借金を破産で逃げず
「責任は自分に」と少しずつ返していった彼は
資本主義的思想の持ち主だった。

民主党は合衆国の左派政党。
そのなかでも
フランクリン＝ローズヴェルトはかなり左寄り。

ローズヴェルトは、党内のバランスを取るために
右派のトルーマンを副大統領にしていた。

そのため、ローズヴェルトの死による
トルーマンの大統領への昇格は
アメリカのソ連に対する態度を一変させた。

余談であるが、我々が勤める一般企業においても
社長の死によってバランスが極端に崩れることは多々ある。

さて、本編に戻ろう。

大統領就任直後の核開発完成も
トルーマンを強気にした。
そんな強気の一発、ではなく二発が広島・長崎。

敗戦必至の日本に対する原爆投下は
ソ連に対する威嚇だった。

ローズヴェルトの死とそれに続く原爆投下は
縮まりかけていた資本主義と共産主義の距離を
一気に広げてしまった。

原爆投下は二次大戦の終わりではなく
冷戦開始のゴングだった。

ここで話をまとめる。

ファシズムと共産主義の共倒れを狙うチャーチル。
核爆弾の実戦使用でソ連を威嚇するトルーマン。
ソ連の資本主義陣営に対する不信感は募りに募った。

こうしてできてしまったのが、
ソ連を親玉とする共産主義と
アメリカを親玉とする資本主義の
戦後の対立構造であった。

1章
冷戦前夜

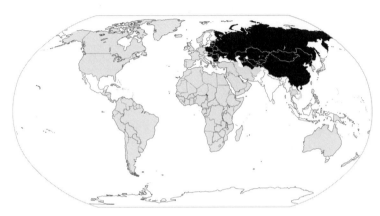

共産勢力はソ連・東欧がメインなので東側陣営。
資本主義勢力はアメリカ・西欧がメインなので西側陣営。
上図は1950年頃の東西両陣営。
アフリカは独立ラッシュ前のため、列強支配下、資本主義陣営とした。

WWⅡの話はここで終わって
いよいよ冷戦を見ていこう。

2章

高まる緊張

ベルリン空輸　1948(昭23)年。
陸の孤島と化した西ベルリンへ生活物資を輸送する米輸送機。

01　これが冷戦の荒波だ

さて、これからいよいよ戦後史の講義に入る。
この時代を理解するため、大事なことが１つ。

東西冷戦の緊張アップ・ダウンを頭に入れておくこと。
戦後史の公式みたいなものだ。

我々はすでに
図の①部分は先ほどまでの【１章　冷戦前夜】で見てきた。

WWⅡで、イギリスから見殺しにされそうになった
ソ連の不信感の拡大などが①にあたる。

この【２章　高まる緊張】では
終戦後から朝鮮戦争まで緊張が高まっていく
②の時期を扱う。

次の【３章　歩み寄る東西陣営】では
朝鮮戦争でピークになった
緊張が緩和していく③の時期を扱う。

以下、図を簡単に説明する。

冷戦では
アメリカを中心とした西側・資本主義陣営と
ソ連を中心とした東側・社会主義陣営が激しく敵対した。

2 章
高まる緊張

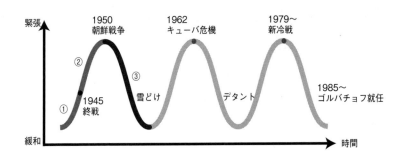

米ソの直接的な戦闘はなかったが
その一歩手前の状態に及ぶことがあった。
その東西緊張の高まりは計3回。

Top 1　50年の朝鮮戦争
Top 2　62年のキューバ危機
Top 3　80年代前半の新冷戦

これに合わせて、緊張が緩まった時期も3つ。

Bottom 1　雪どけ
Bottom 2　デタント
Bottom 3　ゴルバチョフ時代

これから見ていくいろいろなイベントが
この冷戦の荒波のどこに位置しているのか、常に意識せよ。

02 余裕で大惨敗した チャーチル

WWⅡ末期の1945(昭20)年7月。
すでにベルリンは陥落。残る敵は瀕死の日本のみ。
対日降伏について話し合うため、ポツダム会談に赴いた
チャーチルは余裕をこいていた。

「イギリス本国で総選挙やっているけど
我が英国を勝利に導いた俺の圧勝に違いない。」

ところが…
この選挙でチャーチルは歴史的大惨敗に終わる。

なんと、会談の途中で
英国首相はチャーチルからアトリーに交代（笑）

戦争を終えた英国民は
戦争屋チャーチルを不要と考えたのだ。

「落ち込んでいるだろう…」と
野に下ったチャーチルを励ますために
米国大統領トルーマンがアメリカへの傷心旅行に誘った。

この老獪…おっと失礼！
この老人は全然落ち込んでいない。

2章
高まる緊張

それどころか、アメリカのフルトンで
はっきりとした口調で、力強く壇上からソ連を批判した。
これが鉄のカーテン演説。

「ソ連はバルト海のシュテッティンから
アドリア海を結ぶラインに鉄のカーテンを下ろしている。
その向こうには自由も民主主義もない。
これは文明に対する挑戦である。」

…とチャーチルは大嫌いな共産主義陣営を批判した。

この批判は共産主義の拡大阻止を正当化させ
トルーマン大統領のアメリカをさらに右に引っ張り
冷戦を激化させることになる。

03 鉄のカーテンの向こう側

チャーチルはこのフルトン演説で
東欧のほとんどの地域はソ連影響のもと
自由がないと批判を展開。

さて、ここで考えたい。
東欧はなぜ、共産主義陣営に入ったのか。
その理由は2つ。

まず1つ目。
ソ連が東欧をナチス＝ドイツから解放したから。

ヒトラーはユダヤ人を虐殺したが
悪行はそれだけではなかった。
東欧のスラブ系住民に対しても殺戮を展開した。

「東ヨーロッパに住むスラブ民族を根絶やしにして
我々ゲルマン民族の胃袋を満たす大地にしよう。」

これが有名なヒトラーの「生存圏の獲得」。

ナチスの強制収容所はユダヤ人を対象とするだけでなく
スラブ系も収容・処理していた。
ゆえに、絶滅収容所は東欧に多い。

60

2章
高まる緊張

地主と小作人の関係

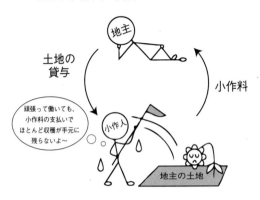

そんな残酷なドイツを打倒したソ連は
東欧の人々にとっては解放者だった。

東欧はなぜ、共産主義陣営に入ったのか。
2つ目の理由は…ソ連が東欧を地主から解放したから。

東ヨーロッパは遅れた農業地域であって
地主が農民を支配していた。
小作人は地主から搾取され、貧しい生活を強いられていた。

そこに入ってきたソ連は、共産主義思想のもとに
贅沢をしている地主を殺していき土地の共有化を進める。

大土地所有制を一掃したソ連は
この意味でも解放者だったのだ。

04 倒れるドミノを食い止めろ

「ドミノ理論」とは、まるでドミノが倒れるが如く
共産主義が隣接国に拡大していくというものである。

右上のマップを見てもらえばわかるように
基本的に共産勢力は地続きで拡大していく。

世界初の共産主義国家はソ連。
その次は、モンゴル人民共和国。

二次大戦で東欧諸国が共産化し
大戦後には、中華人民共和国の建国に至る。

このような社会主義の拡大に
資本主義の親玉アメリカは黙ってはいない。

共産化が進んでいけば
海外にアメリカが持っている工場や畑は取り上げられ
かつ、最終的にそのドミノはアメリカ本土に倒れてくる…

「共産主義がアメリカにまで及べば
ロシア・東欧・中国のように
我々支配階層である資本家は殺戮の対象に…」

2章
高まる緊張

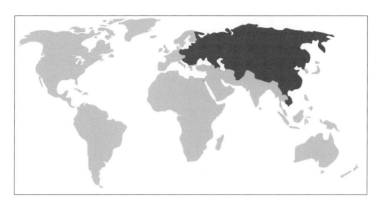

アメリカは外交・工作・戦争などさまざまな手段を使って
共産主義の拡大の「封じ込め」を目指す。

その「封じ込め政策」の始まりがトルーマン=ドクトリン。
特にギリシア・トルコ領内に米軍基地を設置したことが重要。

なぜギリシア・トルコなのか。理由は2つ。
まず1つが、下の図を見てもらえればわかるとおり
ギリシア・トルコがドミノの最前線に位置していたこと。

地理的に共産主義の影響を受ける可能性が高く
今にもドミノが倒れてくる可能性があった。

そして、もう1つの理由は
ギリシア・トルコの社会構造にあった。

ギリシア・トルコは東欧諸国同様、
一部の地主が多くの小作人から搾取し
贅沢な暮らしをしていた。

ゆえに、地主の連中はこんなふうに考えた。

「共産主義のドミノはすぐそこまで倒れてきている。
小作人たちは貧しさに耐えきれず、私たち地主の土地を
奪うために武器を手にするかもしれない。
このままでは革命が起こり、私たちは殺されてしまう！」

だから米軍基地を招いて
自分たちを守ってもらおうと考えた。

良いか、悪いかの議論は置いておいて、
地主や資本家が外国軍を自国に誘導し
国内の共産勢力を抑制・弾圧することは
歴史上たびたびあることである。

05 これぞばらまき マーシャルプラン

トルーマン＝ドクトリンには
米軍基地の設置・軍事援助だけでなく経済援助もあった。
貧困層を底上げすれば共産化を防止できる。

余談であるが、戦後日本において
アメリカの支援で大規模に展開した学校給食もその例だ。
パン給食である理由は
児童が家に持って帰れるようにという配慮でもあった。

さて、本題に戻ろう。
この経済援助を全ヨーロッパに広げたものが
マーシャルプラン。

アメリカの国務長官マーシャルが発表。
国務長官とはアメリカの外務大臣のこと。

アメリカがヨーロッパに、カネ・物資を配る本音は共産化防止。
その建前は、WWⅡで荒れ果てたヨーロッパの復興支援。
だから、マーシャルプランの正式名称は
「ヨーロッパ経済復興援助計画」。

復興して、発電所・鉄道等の基幹産業を動かさないと
水も食料も行き渡らない。

水と食料が不足すると、赤が蔓延する。
赤（アカ）とは、共産主義のこと。

また、単純にアメリカが金を出すことによって
ヨーロッパをアメリカの言いなりにさせよう
という狙いもあった。

金を出す奴は口も出すからね。

2章
高まる緊張

06 赤い連絡網
コミンフォルム

マーシャルプランの対象は、資本主義国家だけではなかった。

なんと！
鉄のカーテンの向こう側の国々にも
ヨーロッパ経済復興援助計画を提唱した。
貧しい東欧諸国はこれに飛びつこうとした。

「アメリカが経済援助してくれるって！太っ腹じゃん！！
返済の猶予も長いし！一部はただでくれるらしい！！
これは頂くしかないでしょう！！」

これに対して、共産主義の親玉であるソ連は
「アメリカのカネなんか、受け取るんじゃねえ！！」と
コミンフォルム（共産党情報局）を結成。

コミンフォルムとは
形式的には共産党の情報交換・連絡組織。

しかし
その実態はソ連共産党から各国共産党への命令・伝達組織。

ソ連はコミンフォルムを通して
マーシャルプランの受け入れ拒否を指示し
ソ連の下部組織である各国共産党はその指示に従う。

共産党が政権を取っているポーランドやハンガリーでは
指示されたとおり、マーシャルプランを受け入れなかった。

ここで少しややこしいのだが
共産国家ではないイタリアやフランスにも共産党はある。

もちろんソ連はコミンフォルムを通して
イタリアやフランスの共産党にも
「マーシャルプランを受け取るな」と指示を出す。

しかし、イタリアやフランスの共産党は政権を持たず
政権を持っているのは資本主義側の政党。

ゆえに、イタリア共和国やフランス共和国は
マーシャルプランを受け入れた。

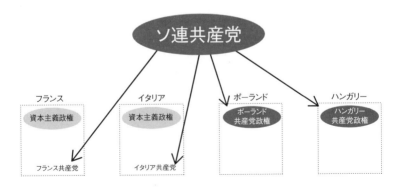

2章
高まる緊張

07 共産主義だけど仲良くしていいですか？

一方で、共産党が政権を取っているのにもかかわらず
マーシャルプランを受け入れた国があった。
ユーゴスラヴィアだ。

ユーゴ共産党はソ連を無視したわけだ。
なぜ、ユーゴはコミンフォルムを無視したのか？
その理由は2つ。

1つ目。
ユーゴスラヴィアはほぼ単独で
ナチス＝ドイツを追い出したから。

他の東欧諸国と違い、ユーゴはソ連に借りがなかった。
カリスマのティトーを中心に
ユーゴ共産党は鍾乳洞に隠れてゲリラを展開した。

ソ連赤軍の助力をほぼ受けることなく
ほぼ自力でナチス＝ドイツを撤退させたのだ。

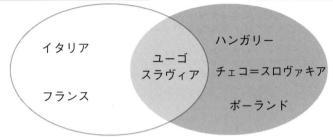

受け入れ理由の２つ目。

ユーゴスラヴィアは
社会主義でありながら、西側諸国とも仲良くしたい
という独自の方針を持っていたこと。

後の話になるが、
東西緊張が極限にまで達したキューバ危機の前年、
この緊張緩和を目指して開かれたのが
第１回非同盟諸国首脳会議。

このホスト（主催）国はユーゴスラヴィア。

こうしてユーゴスラヴィアが
マーシャルプランを受け入れると、スターリンは怒り狂い
ユーゴスラヴィアをコミンフォルムから除名した。

2章
高まる緊張

08 東欧の優等生チェコ…まさかの変身

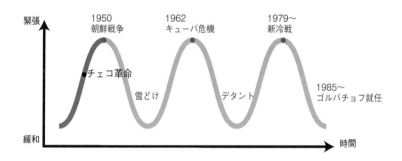

アメリカのばらまきであるマーシャルプランに対して
チェコ＝スロヴァキアの議会では
受け取る、受け取らないで紛糾…

つまり、米ソどちらにつくかを議会でもめているときに
チェコの共産党が動いた。大衆や左派系兵士を動員した。
自動小銃を空に撃ち鳴らしながら、プラハを占拠した。

この突然の出来事で、チェコはいっきに共産化…
これがチェコ革命。「チェコ＝クーデタ」ともいう。

このチェコ革命に西欧諸国は驚きまくった。
革命が起きるはずのないチェコで
革命が起きたからだ…

農業が中心の東欧。
しかし、チェコは例外的な工業国。
その都プラハは東欧最古の大学を抱える先進地域だ。

産業の中心が工業になれば
社会には農民以外にもさまざまな職業や組織が登場し
お互いの利害関係は複雑になる。

そこで生まれてくるのが議会制度。
話し合いによって利害関係を調整する。

東欧では例外的に経済構造が
西欧諸国と似通っていたチェコ。

ゆえに、政治的にも西欧と同じく、議会制度が整っていた。
言ってみれば、チェコはミニ英仏だ。

議会制度が整っていれば、不満は議会が吸収するはず。
急な革命は起きるはずがない…
しかし、起きた。チェコは革命で一気に真っ赤になった。

つまり、議会制度が十分に整備されている
我がイギリスでも、我がフランスでも
革命が発生するかも…

チェコ革命に衝撃を受けた西欧では
西ヨーロッパ連合（WEU）条約が結ばれた。

2 章
高まる緊張

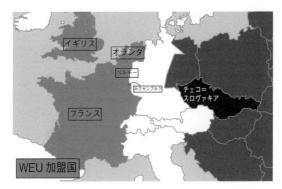

加盟国はイギリス・フランス・ベルギー・オランダ・ルクセンブルク。これは資本主義の体制維持装置。

資本主義の体制維持装置とは
仮の話、フランス国内で共産革命が発生した場合
イギリスやベネルクス三国も鎮圧に参加する…というもの。

そして、翌年には
このWEUをNATOにバージョンアップさせた。
アメリカを加え、資本主義陣営最大の軍事同盟にしたのだ。

その理由は、チェコ革命によって
東側陣営全体の軍事力が大幅に増強されたからである。

東欧一の先進地域であるチェコは
今も昔も高性能の武器を作ることで有名。

ちなみに日中戦争当時、
ゆげの祖父・弓削忠芳軍曹が一番恐れたのは
中国国民党軍の持つチェコ製の機関銃だったらしい。

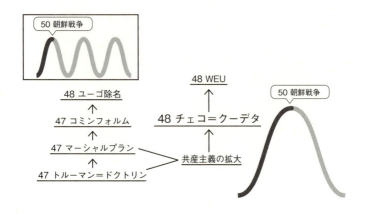

西欧は、対内的脅威だけでなく、対外的脅威も感じたのだ。

話をまとめる。
議会が発達したチェコでも、共産革命が起きた。
高性能の武器を生産できるチェコが共産側陣営についた。

チェコが共産主義陣営に入ったことは
西欧諸国にとって、二重の衝撃だったのだ。

《ちょっと、おまけ》

議会制民主主義が整っていれば、革命が起きない。
この道理からすると、チェコ＝クーデタは不条理。

不条理文学といえばカフカ。
チェコの首都プラハ出身。代表作は『変身』。
朝起きたら、虫になっていて仕事に行けないよ〜って話。
そうとう不条理だ。

2章
高まる緊張

09 人質にとられた陸の孤島…ベルリン封鎖

1948年のチェコ革命と同年にあった
ベルリン封鎖を説明する。

WWⅡの敗戦国であるドイツは
ヤルタ協定に基づいて分割占領された。
ドイツ西部地域については、資本主義陣営の米・英・仏が占領。
東部地域は共産主義陣営のソ連が占領。

ただし、とてもややこしいことに
ドイツ東部地域にあった都ベルリンだけは
その西半分をイギリス・フランス・アメリカが占領していた。

確かに、ベルリンの東西を占領している軍隊は違ったが
当初往来は自由であり、物資や人は頻繁に行き来していた。

しかし、1948年ソ連は西ベルリンを軍事的に封鎖。
道路・鉄道は通行止め、ガス・水道・送電もストップさせる。
西ベルリンを陸の孤島にしてしまった…

これがベルリン封鎖。
なぜ、ソ連はこんなことをしたのか？

その理由は
アメリカがドイツ西部地区で行った通貨改革だった。

2章
高まる緊張

10 経済力を背景に強引な通貨改革

難しいので時間順に説明する。理論的なことは後で。

戦争終結時にドイツで使われていたお金は旧マルク。
ナチス＝ドイツ時代に使われていたお札のこと。

それに対して
アメリカは自身が占領しているボンで
新マルクの発行を開始した。

そして、同時に新マルクと旧マルクの両替を進めた。

新マルクがあれば
アメリカの供給するパンなり肉なりを安く買える。
これがアメリカの経済力を背景とした新マルクの導入。

ドイツの人々は
持っている旧マルクを新マルクに換えたがる。
スターリンはこれに激怒。

その理由は
新マルク発行は事実上の
資本主義側の西ドイツ建国準備だから。

新通貨の発行がなぜ、建国になるかは後で説明する。

スターリンは選挙による統一ドイツの建国を目指していた。

一方、アメリカは西ドイツの建国を急いだため
急ぎ通貨改革を行った。

なぜ西ドイツの建国を急いだかも、後で説明する。
とにかく、まずは時間順で説明したい。

2章
高まる緊張

11 西ベルリンを救え！
…ベルリン大空輸

スターリンは声を荒らげた。
「選挙による統一ドイツを作ると約束したくせに！」
「通貨改革なんて、事実上の西ドイツ建国準備じゃん！！」

ソ連軍の戦車と歩兵は
西ベルリンへの陸路を完全に封鎖した。

200万人が閉じ込められた。
規模的には、名古屋市全域が封鎖されたと考えてよい。

西ベルリンへの電気もガスも水道もすべて止まった。
市民は街路樹を切り倒し、暖を取りながら空腹を我慢した。
これが、歴史上最大の人質事件であるベルリン封鎖。

「ベルリン封鎖を解いてほしければ、通貨改革をやめなさい。」

このスターリンの通告に対し、資本主義陣営はどうしたか。
通貨改革をやめるどころか、ベルリン大空輸で対抗した。

オペレーション名は「空の架け橋」。

小麦・豆・肉・油・ジャガイモ・野菜・塩といった
食料だけではない。
発電所に燃料、嗜好品であるコーヒーと砂糖まで空輸した。

空港・管制塔は24時間フル稼働。
約1分ごとに飛行機が離着陸。

ごった返す空港で、着陸から荷物を下ろし
離陸するまでに許された時間は一機当たりわずか6分。

莫大な物資を運ぶ「空の架け橋」は小型パラシュートで
爆弾ではなく子ども用のキャンディまで落としまくった。

アメリカの量のロマンティシズムの前に、
ベルリン封鎖は意味をなくすどころか
資本主義陣営の格好の宣伝となってしまった。

スターリンは歯ぎしりをしながら、封鎖解除に至った。

2章
高まる緊張

12 資本主義陣営が建国を急ぐ理由

ベルリン封鎖関連の理屈をつぶしていこう。
まず、米国が西ドイツ建国を急いだ理屈だ。

ソ連は言う。
「民族自決の原則に基づき、選挙によって国を作るべきだ。」

ソ連の狙いは…

「一人一票の選挙に持ち込めば
貧乏人の方が多いから、社会主義国家になる。」

それに対し、資本主義陣営は…

「時間が経つと選挙準備が進んでしまう。
ここは強引に占領地区だけで
資本主義国家を作ってしまおう！」

その強引さが
ドイツ西側占領地区の通貨改革だったのだ。

米ソが占領した地域には
今説明したばかりのドイツだけでなく、旧日本領朝鮮がある。

西ドイツ・東ドイツのように
北朝鮮・韓国も、ともに分断国家となった。
これもアメリカが韓国建国を急いだためである。

ゆえに
東ドイツより、資本主義である西ドイツ建国の方が早いし
北朝鮮より、資本主義である韓国建国の方が早い。

2章
高まる緊張

13 通貨とは国家である

ここで、やっとになったが
ドイツ西部地域の通貨改革の理論的な話をしよう。
通貨改革がなぜ、建国準備にあたるのかの話だ。

国家とは
警察・軍隊という暴力装置と徴税機構から成り立っている。

この近現代の徴税機構がやることは、
米や布を納めさせるのではなく、日本であれば
「税として福沢諭吉の肖像画が入った紙を納めてください。」
ということだ。

税はもちろんのこと、罰金も民事裁判による支払いも
公務員の給料も、年金も、公共事業の業者への支払いも
「諭吉先生の肖像画が入った紙」で行われる。

教科書の言葉を使えば、通貨発行権は国家主権の一部だ。

話をドイツ西部地域通貨改革に戻そう。
資本主義陣営が占領しているボン市で
新マルクが発行された。

確かに、最初の新マルクはアメリカ製缶詰の引換券だ。

しかし、その新マルクがぐるぐる流通していけば
新マルクは引換券という認識ではなく、お札の感覚になる。

難しい言葉を使えば、「物神性を持つ」とか
「共同幻想に至る」とかになる。

そして、新マルクを発行したボンは次の段階に入る。
「新マルクで税を払ってください。」
「新マルクで罰金を払ってください。」
「はい、この新マルクがあなた方公務員のお給料ですよ。」
「はい、公共事業の代金はこの新マルクですよ。」

ボンはその新しい紙切れで
ヒト・モノを動かすことができるようになる。

つまり、ボンは首都となり
新マルクは西ドイツという国家の法定通貨となるのだ。

ドイツ西部地域には米英仏軍という暴力装置はすでにある。
あとは徴税システムが必要。
そのための通貨改革。

このように、ドイツ西部地域通貨改革は
事実上、ボンを中心とした西ドイツの建国準備だった。

ちなみに、ドイツの通貨の「マルク」とは
「国家」という意味。

2章
高まる緊張

14 キーワードは…"民主"

このベルリン封鎖が解除された直後に
ドイツ連邦共和国（西ドイツ）が建国され、それに続き
ドイツ民主共和国（東ドイツ）が成立した。

大事なことは
どっちが西ドイツで、どっちが東ドイツかということだ。

覚えておきたいのは
ドイツ・朝鮮半島・ヴェトナムのどの分断国家も
「民主」のつく方が共産主義陣営であることだ。

資本家ではなくて、民が主（あるじ）。

ドイツであれば、ドイツ民主共和国が共産主義陣営に属する。

社会主義陣営
ドイツ民主共和国
朝鮮民主主義人民共和国
ヴェトナム民主共和国

資本主義陣営
ドイツ連邦共和国
大韓民国
ヴェトナム共和国

15 待たせたな！腹をすかした子どもたちよ

話は1948(昭23)年のベルリン封鎖まで戻る。
ベルリン封鎖によって東西の緊張が高まる。
かつ、ベルリン大空輸でアメリカの物量を見せつけられる。

対抗するため、社会主義陣営も分配システムが必要になった。
それで作られたのがコメコン（経済相互援助会議）。
ソ連・東欧諸国間の経済協力機構だ。

コメコンは主に
ソ連が原油・天然ガスなどのエネルギーを供給するシステム。
「ソ連版マーシャルプラン」と言っていい。

「マーシャルプランを受け取ったら許さん！」と
ソ連はコミンフォルムを結成したものの…
共産主義陣営の国々に経済援助をするほど余裕はなかった。
WWⅡのダメージが大きすぎたためだ。

しかし戦後4年が経ち、エネルギー部門が一定程度復旧した。
やっと共産主義陣営の
子どもたちに分け与えられるようになったのだ。

復習しよう。マーシャルプランに対抗した組織は2つある。
マーシャルプランの受け取り拒否を指示するコミンフォルム。
遅れるが、マーシャルプランと同性質で対抗するコメコン。

2章
高まる緊張

16 次のソ連軍の動きに備えて

ベルリン封鎖は結局、
大空輸の成功によって戦争には至らなかった。

しかしベルリン封鎖は
戦後初めてのソ連軍の実力行使であった。
そして、さらなる実力行使、つまり、次の戦争が予想された。

そのため、ベルリン封鎖の最中である1949年に
WEU諸国にアメリカが合流することで
資本主義陣営最大の軍事同盟
NATO（北大西洋条約機構）が結成された。

もちろん先述のとおり
NATO結成の理由には武器工場チェコの共産化もある。

このソ連のベルリン封鎖とそれに対するNATO結成は
さらに東西緊張を高め、朝鮮戦争を引き起こすことになる。

17 冷戦の中の熱戦

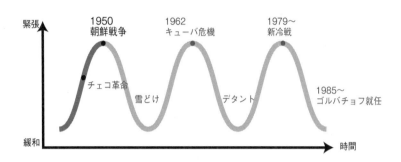

WWⅡが終わり日本領だった朝鮮半島にも連合国が進駐する。
北緯38度線を境に、ソ連が北を
アメリカが南を分割して占領する。

北と南は、それぞれの影響を受け
1948(昭23)年8月に大韓民国(韓国)が建国。
続いて同48年9月に朝鮮民主主義人民共和国(北朝鮮)が建国。

朝鮮戦争についての細かい話は下巻で扱うので
ここでは全体像をつかもう。

1950(昭25)年に、北朝鮮が38度線を突破し
朝鮮戦争が始まった。

それまで東西両陣営は緊張関係にあるとはいえ
戦闘に陥ることはなかった。

2章
高まる緊張

ではなぜ、実際の戦闘に至ってしまったのか？
ではなぜ、cold warからhot warになってしまったのか？

18 平和とはバランス

朝鮮戦争が起きる前年の1949(昭24)年に
共産主義陣営は大きく勢力を伸ばしていた。

まず、アメリカに4年遅れながら
1949年についにソ連が原爆を保有。
核の技術はアメリカだけのものではなくなった。

同49年10月1日。中華人民共和国が成立。
共産党は国民党を台湾に追放し国共内戦に勝利。
中国大陸7億の民が一気に共産化。

北朝鮮の背後には、原爆を保有するソ連と
7億人の人口を誇る中華人民共和国が存在し
その2国は、翌1950年に中ソ友好同盟相互援助条約を締結。

この極東情勢から北朝鮮はこう考えた。

「大韓民国に攻め込んで、仮にアメリカが報復してきたとしても、中国とソ連が助けてくれるだろう。」

この自信があったからこそ
北朝鮮は韓国へと南下を始めることができた。

つまり、共産勢力が強くなりすぎて、軍事バランスが崩れ
朝鮮戦争に至ったのだ。

2章
高まる緊張

19 倒れるドミノを食い止めろⅡ

1950(昭25)年に朝鮮戦争が始まり
本格的にドミノが崩れ出した！
とビビりまくった資本主義陣営。

WEU・NATOだけでは不足と判断し
世界各地でさまざまな軍事同盟を結ぶことで
共産主義への防波堤を築いていく。

下記はその一覧。
朝鮮戦争に反応して、資本主義陣営がいかに急ピッチに
反共包囲網を形成しようとしていったのかがわかる。

「封じ込め政策」なんて生ぬるい！…とより強引になっていく
当時のアメリカの外交政策を「巻き返し政策」と呼ぶ。
それぞれの条約について、今から解説する。

50	朝鮮戦争勃発
51	米比相互防衛条約
51	ANZUS
51	日米安全保障条約
53	朝鮮戦争休戦
53	米韓相互防衛条約
54	米華相互防衛条約
54	SEATO
(55	西ドイツ NATO 加盟)
55	METO (違うセクションで説明します)

2章
高まる緊張

20 米比相互防衛条約

「べいひ」ね。アメリカとフィリピンの軍事同盟。
米比相互防衛条約の「比」はフィリピンのこと。
フィリピンは米国から友好的に独立したため、話が早かった。

米比相互防衛条約は
中国やヴェトナムの防波堤として機能した。
下の図を見てほしい。
沖縄には米軍基地がある。
台湾にはアメリカの支援する蔣介石政権。

米比相互防衛条約は沖縄、台湾にフィリピンを加えることで
地理的に近い中国や北ヴェトナムを押さえ込むのが
目的であった。

21 ANZUS

アンザスと読む。
オーストラリア・ニュージーランド・アメリカの軍事同盟。
Australia, New Zealand, the United States
の頭文字。

では下の図を見て。
ANZUSは
インドネシアに対する防波堤としてつくられた軍事同盟。

生徒：インドネシアは共産主義国家じゃないですよ。
ゆげ：そのとおり！でも確かにANZUSは
　　　インドネシアを仮想敵としてつくられたのだ。

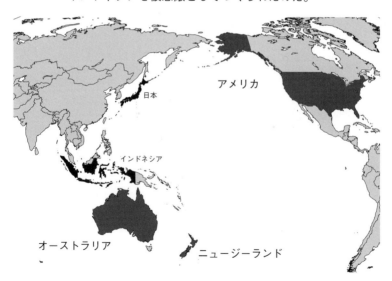

2章
高まる緊張

確かに、インドネシアの共産党は政権を取っていない。
しかし、インドネシアは共産党員を200万人も抱えていた。
当然、非共産主義国家としては最大の党員数。

この潜在的な脅威であるインドネシアの共産党を
警戒してつくられたのがANZUSなのである。

さて、ANZUS結成にはもう1つ理由がある。
オーストラリアが日本の再軍備に対してビビっていたから。
太平洋戦争で空襲を受け、日本軍上陸を覚悟してたしね。

「確かに我がアメリカが、日本の再軍備を進めるが
オーストラリアはびびらなくてもいいぜ。
我がアメリカが、オーストラリアを守るから…」

これもANZUS結成の理由。

ちなみに戦後、オーストラリアは
日本語を第一外国語にしてまで親密な貿易関係を築いた。
これも太平洋戦争時の恐怖からの友好関係である。

次に、上記の日本再軍備とそれに伴う日米安保を扱う。

22 日米安全保障条約

日米安全保障条約も共産主義への防波堤であった。
日本はソ連にも北朝鮮にも中国にも近いドミノの最前線。
戦後は大規模な米軍が駐留し、共産主義を警戒した。

しかし
アメリカは日本に大軍を駐留できなくなってしまった。

朝鮮戦争の勃発である。
半島に出動したのは在日米軍だった。

朝鮮戦争が始まったのは1950(昭25)年6月25日。
米軍のほとんどが出動し、日本は空っぽになった。

この軍事的空白をそのままにしておけば…
ソ連南下の恐れがあったし
国内の共産勢力が暴れ出す可能性もあった。

当時日本を占領していたGHQ最高司令官マッカーサーは
日本に対して、早急な再軍備を要求した。
2ヶ月経たない8月10日には、警察予備隊が設置された。

あまりにも設置を急いだため、今の物価で月給50万円。
2年間勤め上げれば600万円もの退職金が出たそうだ。

亡くなった祖母も
「男だったら絶対入隊した」と言っていた。

2章
高まる緊張

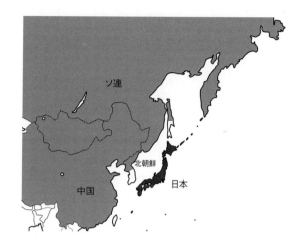

警察「予備隊」といっても、バズーカも戦車も持っている。
現在の自衛隊のおおもとになっているのが
この警察予備隊だ。

そして、再軍備を契機にサンフランシスコ平和条約によって
日本は独立を回復することになる。

再軍備と独立回復はセット。

軍隊をつくる（＝再軍備）にしても
自分の国を守るっていう気持ちがないと軍隊は機能しない。

こうして、1951(昭26)年8月、
吉田茂はカリフォルニアへ向かった。

アメリカ西海岸で一番立派なオペラハウスにて
サンフランシスコ平和条約を調印し、日本は独立を回復した。

調印後すぐに、吉田一行は車に乗せられた。
1時間ほどで降りた先は、アメリカ軍の下士官クラブだった。
兵隊用の居酒屋である。

ボロ机の上に置かれた文書とペンを見た吉田は
随行した池田勇人に言った。

「サインは私一人でいい。君は署名しなくていい。
経歴に傷がつく。」
…吉田茂は一人だけでサインした。日米安全保障条約に。

この条約で定められたことは2つ。

1つが米軍の駐留維持。
主権回復後も、米軍はそのまま駐留する。

もう1つは、米軍の治安出動。
日本国内で共産化の動きがあれば、米軍がつぶしにかかる。

だから、仮に当時池袋コミューンをつくったとしたら…
最初の敵は池袋警察署、
次に警察予備隊、
ラスボスは米軍となる。

23 米韓相互防衛条約

1950(昭25)年に始まった朝鮮戦争。
北朝鮮・韓国だけでなく、米国・中国も参戦し
53年に休戦に至る。

その休戦後に結ばれたのが米韓相互防衛条約。

まず、この条約には
「朝鮮戦争が終わった後も、米軍が韓国に駐留しますよ」
ってことが書かれている。

それだけなら日米安全保障条約と一緒だが
もう1つが凄い…
「韓国軍の指揮権をそのまま国連軍=米軍が持つ」
というものだ。

この条約によって
今日でも、韓国大統領は韓国軍を動かすことはできない。
韓国軍を動かすにはアメリカ大統領の許可がいるのだ。

具体例として
北朝鮮による朴正煕(パクチョンヒ)大統領暗殺未遂事件の際、
韓国側は報復戦争を試みたが、軍の指揮権がないので
結局、北進できなかった。

24 SEATO

シアトーね。
東南アジア条約機構。
東南アジアの反共軍事同盟。

South East Asia Treaty Organization、略称SEATO。
アメリカがタイやフィリピン、
パキスタンなどと結んだ軍事同盟。

どうしてSEATOが必要だったのか？
この時のヴェトナムの様子を見てみよう。

フランスの植民地であったヴェトナム。
ナチス＝ドイツによるパリ陥落に伴い
日本に占領されてしまう。
仏印（フランス領インドシナ）進駐ってやつね。

ちなみに、インドシナ半島とはヴェトナム・ラオス・タイ・カンボジアであり、インドと支那（CHINA・中国）の間。

その日本の仏印進駐に対して
ゲリラ戦を展開したのが、ソ連の工作員ホー＝チ＝ミン。
彼の目標は、ヴェトナムの独立と社会主義国家の建設だ。

結局、二次大戦に敗北した日本は撤退。
植民地支配の復活を目論むフランスに対抗し
ホー＝チ＝ミンはヴェトナム民主共和国の独立を宣言。

2章
高まる緊張

ただし、実効支配できているのはハノイ周辺の北部のみ。
この北ヴェトナムをフランスは鎮圧しようと試みる。
これがインドシナ戦争。

大事なのは
この戦争は、単なる独立戦争ではない…ということ。

この独立戦争の中心は共産主義者のホー＝チ＝ミン。
ソ連・中国の支援を受けている。
性質的には北朝鮮の南進と同じ、ドミノの拡大だ。

このインドシナ戦争の最終決戦が
1954(昭29)年のディエンビエンフーの戦い。

資本主義の大親分アメリカの武器支援もむなしく
結局、フランスは大敗し植民地支配をあきらめる。

「このままだと、インドシナが真っ赤に染まってしまう」
…と焦ったアメリカはヴェトナムを囲むような
反共軍事同盟を構築。これがSEATO。

タイ・フィリピン・パキスタンなどが参加。

フィリピンとタイは格差社会。
地主と農民・農業労働者の経済格差がはなはだしい。

フィリピンのマニラ、タイのバンコクの夜の街を彩るのは
悲しいかな、小作農の娘たちだ。

タイ・フィリピンの政府は、つまり地主たちは
貧乏人が共産化し革命に至るのが怖くて、SEATOに入った。

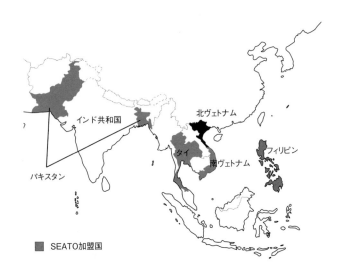

2章
高まる緊張

ただし、パキスタンはタイやフィリピンとは事情が違う。
イスラム国家であるパキスタンは格差社会ではない。

パキスタンは隣国であるインドと戦争・対立状態にあった。
インドの向こう側の東南アジア諸国と手を組むことによって、
挟み撃ちを狙ったのだ。

だから、パキスタンは東南アジアでもないのに
東南アジア条約機構（SEATO）に入った。

25 米華相互防衛条約

台湾の蔣介石政権（中華民国）と米国の同盟。

ディエンビエンフーの陥落でびびったアメリカ。
SEATOを結成するにとどまらず、台湾とも軍事同盟を結ぶ。

米比相互防衛条約で触れたが、沖縄、フィリピン、台湾は
中国やヴェトナムの共産主義に対する防衛ラインであった。

ディエンビエンフー陥落によって
ドミノが倒れてくる危険性が増すと
防波堤としての台湾の役割は、いっそう重要なものとなった。

そのため、アメリカは改めて台湾政府と軍事同盟を締結した。

2章
高まる緊張

26 西ドイツNATO加盟

北ヴェトによるディエンビエンフー陥落によって
アメリカはSEATOを結成したが、それだけでは不安…
ヴェトナムに近いフィリピンの米軍基地を拡充する。

しかし、兵士の数には限りがあるから
別のどこかから持ってこなくてはいけない。

では、どこから米軍を持ってきたのか？
それは、地球の裏側西ドイツ。
アメリカは西ドイツにいる米軍をフィリピンに移す。

生徒：西ドイツが空っぽになってしまうのでは？
ゆげ：だから、西ドイツに再軍備を命じたのだよ。

朝鮮戦争によって日本が再軍備を迫られたように
ディエンビエンフー陥落によって西ドイツも再軍備を迫られ
パリ協定によって再軍備が認められた。

ここで確認したいのは次の2つ。
1つは、日本の再軍備も西ドイツの再軍備も
共産勢力の攻勢によって迫られたということ。

もう1つは、日本同様に
再軍備と主権回復がセットで行われたということ。

繰り返すが、軍隊ができたら、自国を守るという気概が必要。
だから主権も回復しなくてはならない。

ゆえに、西ドイツも共産勢力の拡大により、主権を回復し
資本主義陣営最大の軍事同盟であるNATOに加盟した。

2 章
高まる緊張

27 METO

メトーね。
アメリカ主導のもと中東における反共軍事同盟として
1955(昭30)年に結成したのがMETO（中東条約機構）。

このMETOを含め
アメリカの中東外交はおもしろいほど失敗する（笑）

METOを含めた
その駄目っぷり中東外交は下巻でくわしく…

3章

歩み寄る東西陣営

1955年に行われたジュネーヴ四巨頭会談。
平和共存を目指して開催され、雪解け期の象徴となった。

01 雪どけ

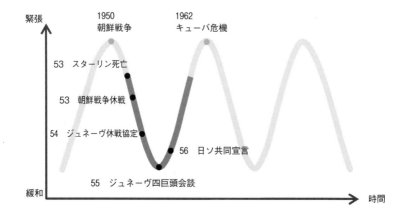

WWⅡ終戦以降、
マーシャルプラン・コミンフォルム・ベルリン封鎖・
朝鮮戦争など
東西の緊張は高まる一方だったが、1953年に大きな転機が…

ソ連の書記長スターリンの死亡。
資本主義陣営に大きな不信感を抱いていた
親玉の中の親玉が死んだ。

そのため東西の緊張は急激に和らいでいく。
このスターリン死亡から
再緊張までの時期を「雪どけ」と表現する。

1953年に
朝鮮休戦協定が結ばれたのも、スターリン死亡直後。

「雪どけ」イベント

53　朝鮮戦争休戦
54　インドシナ戦争休戦
55　ジュネーヴ四巨頭会談
56　日ソ共同宣言

また、54年にディエンビエンフーが陥落すると
ジュネーヴ休戦協定が結ばれ、インドシナ戦争も一応終結。

そして、雪どけの象徴とも言えるのが
1955年のジュネーヴ四巨頭会談。

参加したのは
アメリカのアイゼンハウアー、イギリスのイーデン、
フランスのフォール、ソ連のブルガーニン。
ブルガーニン以外の一文字目は、その国の一文字目と一緒。

ジュネーヴ四巨頭会談以前に
首脳レベルが一堂に会したのは、10年前のポツダム会談。
ずいぶん前だな。

大戦中はあんなに頻繁に会談を開いていたのに
冷戦で10年間も集まらなかったのだ。
雪どけで久々に集まった。

これといった成果がでたわけではないが
世界の緊張がほぐれた大事な会談であった。

02 永遠にお別れ

ジュネーヴ四巨頭会談と同年の55年に
オーストリア国家条約が結ばれる。

この条約によってオーストリアは独立に至る。
これも雪どけのイベントの１つ。

大事なことは２つ。

１つは
オーストリアもドイツと同じく分割占領されていたのに
独立時に東西で分断されることはなかったということ。

これは
オーストリアが永世中立国として主権を回復したから。

永世中立というのは
どの国とも永久に、軍事同盟を結ばないということ。

つまり
資本主義陣営にも社会主義陣営にも属さないということ。

そしてもう１つ。
どことも軍事同盟を結ばないということは
オーストリアと同じゲルマン国家である
ドイツとも同盟を結ばないということ。

3章
歩み寄る東西陣営

WWⅠもWWⅡも、兄弟国家である
オーストリアとドイツの協力・一体化が前提にあった。
二度の大戦は「ドイツvs全世界」と言っても過言ではない。

意外と知られていない事実だが
ヒトラーはオーストリア出身である。

ゆえに、今後またドイツとオーストリアがくっついて
第三次世界大戦を引き起こすことがないように
ドイツと軍事同盟を結べないようにしたのだった。

オーストリアを東西ドイツと完全に別の国とし
中立を永続させること。
ゲルマン人の永遠の分断こそが世界平和と考えられたのだ。

03 日ソ仲直り宣言

雪どけの象徴であるジュネーヴ四巨頭会談。
その翌年である1956(昭31)年に日ソ共同宣言がなされた。

資本主義陣営に組み込まれていた日本と
共産主義の親玉ソ連が仲直りしようとした。

1951(昭26)年のサンフランシスコ講和会議では
ソ連は出席するも調印を拒否し
日本を独立国家として認めなかった。

ソ連曰く、
「日本独立は、警察予備隊に気概を持たせるアメリカの策略」

教科書の言葉を使えば
「日本の独立は資本主義陣営の軍事強化に過ぎない。」
当時、朝鮮戦争の真最中だったしね。
しかし、雪どけで話し合いの機運が到来した。

日本はソ連と交渉した。

「北方領土4島の返還と国交回復。そして、戦争を正式に終わらせる講和条約の締結。そして、なによりソ連抑留者の帰還をお願いしたい。」

「北方領土全島の返還は無理。歯舞と色丹は返すよ。」

3章
歩み寄る東西陣営

２島のみの返還か…当時の首相、鳩山一郎は悩んだ。

当時、「岸壁の母」という曲が流行っていた。
先の大戦により、満州にいた50万もの日本軍将兵が
ソ連の捕虜となり抑留されていた。
岸壁には途方に暮れた、母や妻のたたずむ光景が見られた。

鳩山は言った。

「土地はなくならないが、人の命には限りがある。」

鳩山は、反対意見を振り切り、モスクワに飛んだ。
日ソ共同宣言に至った。

岸壁の母の涙は、うれし涙に変わった。

ソ連は日本を独立国家として認め日ソの国交回復。
お互い、大使館を設置した。
結果、同年中に日本の国際連合への加盟が実現した。

この宣言の限界は平和条約締結に至らなかったこと。
そのため、現在もなお法的には
ソ連外交を継承したロシアと日本は戦争状態にある。

北方領土に関するロシアの見解は
「日ソ共同宣言で、２島のみの返還を日本は承認したよね！」

それに対し、日本側は宣言に法的拘束力はないとしている。

115

04 とけきらない雪

共産主義陣営　　　　　資本主義陣営

53　スターリン死亡
　→53　朝鮮戦争休戦

　　　　　　　　　　　53　米韓相互防衛条約
　　　　　　　　　　　54　米華相互防衛条約
　　　　　　　　　　　54　SEATO
55　ワルシャワ条約機構 ← 55　西ドイツNATO加盟
　　　　　　　　　　　55　METO

雪どけの時期に東西両陣営が歩み寄っていったことは
ここまで見てきた。

話は少しややこしくなるのだが
この雪どけの時期でさえ
両陣営は次なる緊張に備えてさまざまな同盟を結んでいく。

雪はとけきれてない。

すでに、資本主義陣営の同盟は説明ずみだ。
SEATOなんかが、それに当たる。

一方でソ連も、同様に陣営強化に努め
東側陣営最大の軍事同盟であるワルシャワ条約機構を
1955年に結成した。

ジュネーヴ四巨頭会談と同年。もろ、雪どけの年。

3 章
歩み寄る東西陣営

注意しなくてはいけないのは

ワルシャワ条約機構（WTO）≠（WTO）世界貿易機関
Warsaw Treaty Organization
　　　　　　　　　　≠　World Trade Organization

ということだ。

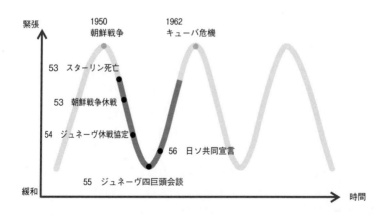

05 まったく同じ恐怖と、まったく同じ対応

ワルシャワ条約機構が結成された一番の理由は…
同1955年の西ドイツNATO加盟にある。
なぜ西独のNATO加盟がワルシャワ条約機構につながるのか？

話は、チェコ革命にまでさかのぼる。
工業国チェコがクーデタで共産主義陣営に組み込まれる。
これにビビった資本主義陣営は、WEUとNATOを結成。

これとまるっきり逆の現象が
西ドイツの再軍備によって起きたのだ。

西ドイツはヨーロッパ最大のルール工業地帯を持っている。
そして、ルールは武器の一大生産地でもある。
大砲で有名なクルップ社も同地にあった。

また世界で武器の電気化・電子化が進むなか
その分野に長けているシーメンスも西ドイツの企業であった。

工業国家である西ドイツの再軍備とNATO加盟は
東側をビビらせ、ワルシャワ条約機構結成に至らしめた。

武器工場チェコが共産主義陣営に入れば、WEU・NATO。
武器工場西ドイツが資本主義陣営に入れば、WTO。
東西両陣営は同じ恐怖に、同じ対応を示した。

4章
いじめられっ国の台頭

1954年に陥落したディエンビエンフー要塞。
ヴェトナムの勝利に勇気づけられたアジアやアフリカ。
その勇気が、新たな勢力を登場させる。

01 ナタで近代要塞に挑む

話はヴェトナムの独立闘争である
インドシナ戦争（1946〜1954年）まで戻る。
四方を険しい山で囲まれた盆地ディエンビエンフー。

フランス軍史上最大の空輸作戦により
この盆地に近代要塞が建設された。

それに挑むのはホー＝チ＝ミン率いる
ヴェトミン（ヴェトナム独立同盟会）の若者たち。

フランス軍に対し、兵器の質と量は劣勢であったが
重い大砲を細かく分解し、背負って崖をよじ登る。
昼夜を問わず、とにかく人の数とやる気で運ぶ。

まさかの山頂からの砲撃に動きが制限されるフランス軍。
そこに、ヴェトミンの若者が突っ込んでくる。

ヴェトミンの兵士のほとんどは銃を持たない。
基本は手榴弾1つのみ。
それでもいい方で、ナタを持った若者も多数いる。

仏軍の機関銃陣地に近づいていけば
当然、撃たれて死んでしまう。

4 章
いじめられっ国の台頭

それでも、後続の若者が手榴弾とナタだけで前進を続ける。
人海戦術だ。

これを繰り返すことで、仏側の機関銃の配置を正確に知り
ヴェトミン側にとっては貴重な火器で、これを狙撃する。

55日間、これを繰り返し
仏軍よりはるかに多数の死者を出したが
ディエンビエンフーは陥落。

こうして、ヴェトミンは勝利した。

02 勇気づけられた弱者たち

1954年のディエンビエンフーの戦いは
アジア・アフリカの植民地に大きな希望と勇気を与えた。

その興奮はスリランカ・インド・ビルマ・インドネシア・
パキスタンの首脳をセイロン島のコロンボに集めた。

このコロンボ会議が行われた54年の4月は
まさにディエンビエンフーの戦いの真最中。
陣地が1つずつ落ちていくニュースに有色人種は歓喜した。

「もう植民地はゴメンだ。これからは強気でいくぞ！
われわれはアメリカ側＝第一勢力でもないし
ソ連側＝第二勢力でもない、第三勢力だ。」

「第三勢力」とはフランス革命の時に王や貴族の圧政の下で
虐げられていた第三身分（農民や市民）になぞらえて
使われた言葉でもある。

「今までの国際政治は大国主導であった。
しかし、これからは違う。アジア・アフリカの新興国家が
連帯し発言権を高めていこう。」

この2か月後にはネルー・周恩来会談が開かれる。
ともに植民地支配の苦渋を舐めたインドと中国の会談。

4章
いじめられっ国の台頭

そして、この熱気は
遂にアジア・アフリカ会議にまで発展する。

03 最強の弱者連合

1955年に、ずいぶんと大きな国際会議が開かれた。
しかし、この会議はそれまでの大きな国際会議と違っていた。

有色人種のみの会議だったのである。
これが、アジア・アフリカ会議（AA会議）。
別名「バンドン会議」である。

主催国はインドネシア。
ホスト（主催者）はスカルノ。
TVタレントになったデヴィ夫人の旦那
（デヴィはスカルノ第三夫人）。

オランダとの激烈な独立戦争に勝利したインドネシアは
AA（アジア・アフリカ）諸国では兄貴分的な存在。

開催された都市はバンドン。
バンドンは首都ではない。
インドネシアの首都はジャカルタ。これ注意ね。

もう1つ注意しなくてはいけないのは
アジア・アフリカ会議という名前なのだが
出席した国のほとんどはアジアの国だということ。

29の参加国のうち、アフリカはたったの6カ国。
理由は、まだアフリカ諸国の独立が進んでいなかったから。

4章
いじめられっ国の台頭

アフリカのほとんどの国は
1960年のアフリカの年に独立した。
ゆえに1955年のアジア・アフリカ会議段階では
アフリカのほとんどの地域は仏領や英領である。

この55年のAA会議に対抗して同55年に
強者連合であるジュネーヴ四巨頭会談が開催された。
雪どけの要因の1つは、実はAA会議にもあった。

コロンボ会議でテンションが上がりまくった中国とインドは
ネルー・周恩来による平和五原則を発表。
AA会議では、それを平和十原則にバージョンアップさせた。

平和五原則や平和十原則は全部覚える必要はない。
基本的には、平和五原則も平和十原則も
「もう二度と植民地はゴメンだ」と書いてあるだけ。

《平和五原則》
領土・主権の相互尊重、相互不可侵、
相互内政不干渉、平等互恵、平和共存

《平和十原則》
基本的人権と国連憲章の尊重、主権と領土の尊重、
人種と国家間の平等、内政不干渉、
個別的・集団的自衛権の尊重、集団防衛の抑制、
武力侵略の否定、国際紛争の平和的解決、
相互協力の促進、正義と義務の尊重

4章
いじめられっ国の台頭

04 第三勢力の仲介

アジア・アフリカ会議後、再び第三勢力が結集した会議が
1961年の非同盟諸国首脳会議。
ユーゴスラヴィアの首都ベオグラードで開催された。

非同盟国とは、軍事同盟には参加してない国々のこと。

「第一勢力（資本主義陣営）でも
第二勢力（社会主義陣営）でもない我々第三勢力が
今まさに世界平和のために動かなくては！！」

非同盟諸国首脳会議は
1961(昭36)年開催というタイミングが大事。
同61年にはベルリンの壁が構築され、緊張UP状態…
翌62(昭37)年にはキューバ危機が起きている。

東西陣営の緊張が高まっているこのタイミングだからこそ
東西の両陣営に属さない非同盟諸国が集まって
緊張緩和を目指した。

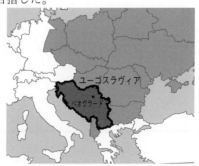

1961年の非同盟諸国首脳会議の前年である
1960年がアフリカの年というのも大事。

アフリカで多数の国が独立し、第三勢力が盛り上がる。
「増えまくった第三勢力、さらに結集〜！」ってのが
非同盟諸国首脳会議。

会議が開かれたのは
ユーゴスラヴィアの首都ベオグラードだ。

ユーゴスラヴィアは社会主義国家でありながら
マーシャルプランを受け入れるなど、
資本主義陣営ともかかわりが深い。

両陣営の間を取り持つにはうってつけの国だったのだ。

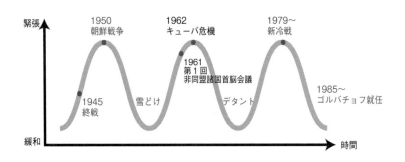

5章

平和運動

1955(昭30)年に広島で開催された、第1回原水爆禁止世界大会。
11ヵ国の代表を含む、5000人が参加した。

01 平和への道

二次大戦末期にアメリカが開発した核。
1949年にはソ連もこの技術を持つことになる。
アメリカの核の独占はわずか4年しか続かなかった。

対立する米ソは、核爆弾を持つだけでは満足せずに
原爆の何百倍もの威力をもつ水爆の開発にまで至った。
東西の緊張は、同時に核に対する恐怖でもあった。

今までは、国家の動きを見てきたが
本章では国家と別の動き、市民運動などを見ていく。
時代は1950年代まで。

02 史上最大の署名運動

1949年にソ連も核爆弾の開発に成功すると、数ヶ月のうちに米トルーマン大統領は水爆製造命令を出した。

核開発競争が進む中でのベルリン封鎖の緊張は
ストックホルムでの国際規模の平和大会に至った。

ストックホルムは、スウェーデンの首都だ。

・原水爆の無条件使用禁止
・原水爆を使用した政府を人類に対する犯罪者とみなす
・原水爆の厳格な国家管理

が同大会で訴えられた。

これが1950年発表のストックホルムアピール。
これに賛同する署名が5億人分。
なんと、全世界の5人に1人が署名した。

同1950年開始の朝鮮戦争で原爆が使用されなかったのも
このストックホルムアピールの成果なのかもしれない。

03 三度も
核に苦しめられ…

1954(昭29)年にはビキニ沖で
アメリカによる大規模な水爆実験があった。
この目的は威嚇。

インドシナ戦争はヴェトナム独立の戦争であるが
一方で社会主義陣営と資本主義陣営の戦争でもある。
そして54年は社会主義陣営側が押していた。

アメリカはビキニ諸島で強力な水爆実験を行うことで
ヴェトナムの士気を下げようと画策したとも言われる。

結局、この実験直後に始まったディエンビエンフーの戦いでは
高い士気を持った共産側が勝利するのだが…

この水爆実験で
日本のマグロ漁船であった第五福竜丸が被曝する。

日本は広島・長崎に原爆を落とされ
この第五福竜丸事件では水爆の被害を受けた。
日本は原水爆両方の被害を受けた唯一の国なのである。

ストックホルムアピールから4年後、第五福竜丸事件によって
核兵器に対する市民運動が再び盛り上がる。

5章
平和運動

日本国内で再び署名活動などが活発になり
1955(昭30)年に第1回原水爆禁止世界大会に至る。

開催地は当然、広島。

04 アインシュタインの遺言

ビキニ環礁での水爆実験に激しく心を痛めていたのが
相対性理論を発見したアインシュタイン。

アインシュタインは広島・長崎の際もひどく心を痛めていた。
というのも、アメリカ政府に原爆製造を提案したのは
ほかでもないアインシュタインだったから。

ナチスが核エネルギーの開発をしていることを知った彼は
「ナチスが原爆を持つのは大変危険であり、
それを牽制するべくアメリカが先に核を持つべきだ」
という手紙をフランクリン＝ローズヴェルトに送った。

この手紙から、核爆弾製造計画である
マンハッタン計画がスタートした。

しかし、アインシュタインの思いとは裏腹に
アメリカは原爆を日本に投下してしまう…

1954年ビキニ環礁の水爆実験の翌年、
アルベルト＝アインシュタインは息を引き取る。

その3ヶ月後、友人である哲学者ラッセルが発表した
アインシュタインの遺言が
ラッセル＝アインシュタイン宣言。

5章
平和運動

「全破滅を避けるという目標は
他のあらゆる目標に優先する。」

この宣言を受けて
湯川秀樹らの科学者がカナダのパグウォッシュ村に集まり
核開発における科学者の責任を問う議論が展開された。

科学者は、ただ政府の指示に従い研究するのではなく
その研究が社会にどのような影響をもたらすか
考慮すべきでは…

研究者は専門性だけでなく
倫理観を含めた広い視野が要求されるべき。
そのための科学者の集会である。

以後も、この会議はいろいろな都市で開催されているが
名称はパグウォッシュ会議のままだ。

以上で戦後国際関係史は終了。
いよいよ、戦後国際関係の中心にいるアメリカ史だ。

Ⅱ部

戦後アメリカ史

6章

戦後アメリカ概論

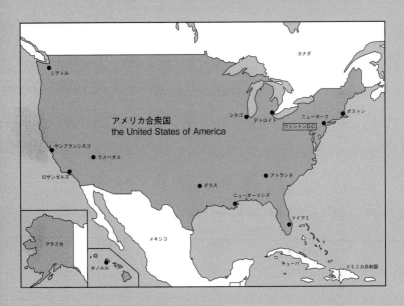

01 覚えずにわかる大統領就任年

国際関係の中心にいるのはアメリカ大統領。

その大統領選挙は、必ず4の倍数年だ。
近年なら、2016年、2020年、2024年など。
うるう年と夏季オリンピック開催年でもある。

4の倍数年の11月に選挙をして
翌年の1月20日に就任する。

だいたいの大統領は2期8年やる。
選挙は概して現職有利で
2期目を目指した大統領が選挙で惨敗することは少ない。

逆に言うと、2期目勝てない大統領は
よっぽど…ということだ。

4の倍数年以外には大統領選挙はない。
もし大統領が任期途中で亡くなった場合には
副大統領が昇格する。副大統領はスペアだ。

大統領の任期は長くとも2期8年。
3期以上はできない。

初代大統領であるワシントンは
「長期にわたる権力は腐敗を招く」と
3期目の出馬要請を固辞した。

これに、その後の大統領たちが従っている。

唯一の例外がフランクリン＝ローズヴェルト。
当時、大恐慌やWWⅡといった未曾有の混乱期であったため
ローズヴェルトは異例の4選を果たした。

02 戦争の国アメリカ

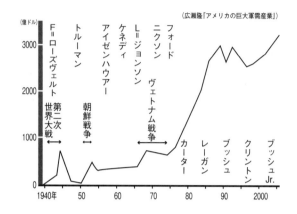

(広瀬隆『アメリカの巨大軍需産業』)

上図は戦後のアメリカの国防予算の動きを示している。
二次大戦終結後の一時期、軍事予算は縮小するが
基本、右肩上がりだ。

米国の軍事予算はダントツ世界１位。

時期によって多少の変化はあるが
２位以下の世界中すべての軍事予算を足しても
米国一国の軍事予算とほぼ同じか、届かない年もある。

アメリカの戦後史は軍事史と言ってもよい。
経済も社会も軍事の影響が大きい。

上記を頭の片隅において、アメリカの戦後史を見ていこう。

6章
戦後アメリカ概論

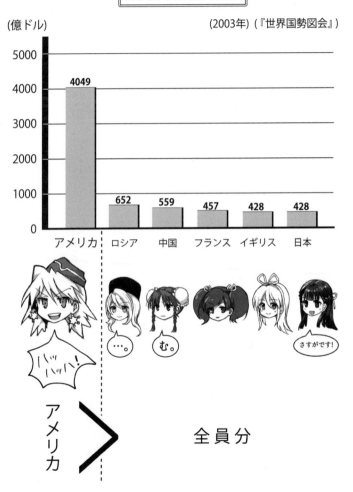

7章

トルーマン
〜好戦的な高卒大統領〜

1945-53 2期8年 民主党

01　一応、左派系大統領だが左派にキツい

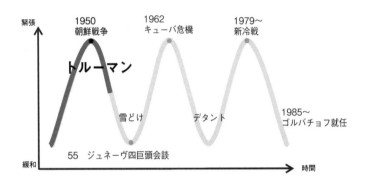

フランクリン＝ローズヴェルト大統領が4期目の初年で病死。
トルーマンは副大統領から昇格し、その4期目を継承。
その後、1948年の選挙で勝利し、国民の承認を得た。

トルーマンの外交政策は前のセクション（国際関係史）で
解説しているので、以下は復習を。

前任のフランクリン＝ローズヴェルトと違って
トルーマンは対ソ強硬路線を取った。

すでに焼け野原となっていた日本への原爆投下は
ソ連に対する威嚇であったし
ソ連・共産勢力の拡大を防ぐ封じ込め政策も展開した。

具体的には、トルーマン=ドクトリン、マーシャルプラン、NATOの結成などである。

トルーマンは確かに一定程度は左だ。
前任のローズヴェルトのニューディールを継承し
フェアディール政策を展開、国内での格差問題を縮小させた。

しかし、ソ連やチャップリンにはキツかった。

02 国を追われた チャップリン

トルーマン政権下のアメリカでは
反共マスヒステリーが起きた。

このパニックで共産主義者と疑われた人々は
仕事を奪われ、国を追われた。

このパニックの構造的要因は、共産勢力の急拡大にあった。
アメリカに追いつき核を保有するようになったソ連。
当時、7億人の人口を持つ中国の共産化。

このパニックの引き金は、一人の男の発言だった。

> 「国務省のなかに205人の共産党員がいる。
> まだ諸般の事情で見せられないが
> これが、そのリストである。」

彼はそのペーパーを大きく掲げた。
みな、度肝を抜かれた。

国務省というのは、アメリカの外務省のことである。
つまり、外務省はソ連のスパイだらけだ…ということ。
この発言は恐怖に火をつけた。

この発言の主はマッカーシー上院議員。

7章
トルーマン

赤狩りを始めたマッカーシー上院議員

日本を占領したGHQのマッカーサーと名前は似ているが別人である。

アメリカの中枢が、すでにソ連によって毒されている。
毒を急ぎ見つけ、出してしまわなくては…

アメリカ国民は疑心暗鬼になり、パニック状態に陥った。
ヒステリックに共産主義者を見つけ、排除しようとした。
現代の魔女狩りが始まった。

政治家・官僚だけでなく、裁判官・学者・記者、
そして、ハリウッドスターまで
呼び出され、公の場で質問攻めに遭った。

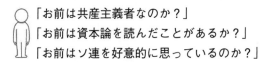
「お前は共産主義者なのか？」
「お前は資本論を読んだことがあるか？」
「お前はソ連を好意的に思っているのか？」

そして、事実上、以下の文言を強制的に言わされた。
「I am not a communist.」（私は共産主義者ではありません）

147

共産主義者と見なされると仕事を失った。
喜劇王チャップリンも事実上の国外追放を受けた。

チャップリンの映画「モダンタイムス」。

労働者がベルトコンベアに追われ、歯車に回されるシーンで
仕事の喜びを奪われた労働や
社会の歯車として翻弄される労働者を描いた。

チャップリンは痛烈に資本主義、機械文明を批判した。

そして、チャップリンは「容共的である」とされ
国外に追放された。

こうした一連の共産主義者を弾圧する活動は
共産主義のシンボルカラーの赤を取って「赤狩り」と呼ばれた。

また、赤狩りの発端となったマッカーシーの名を取って
「マッカーシズム」とも呼ばれる。

後に…
マッカーシーが掲げた共産主義者リストは
まったくのニセモノだったことが明らかになった。

7章
トルーマン

「モダンタイムス」に出てくる歯車のシーン

8章

アイゼンハウアー
～戦嫌いの司令官～

1953-61 2期8年 共和党

アイゼンハウアー夫妻とフルシチョフ夫妻。
一番右がアイゼンハウアー

01 緊張緩和と再緊張の大統領

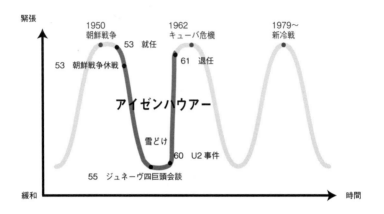

1953年に就任したアイゼンハウアーは
久々の共和党出身の大統領。

アイゼンハウアーの前の共和党の大統領は
1929(昭4)年の大恐慌のときのフーバーまでさかのぼる。
その間はずっと民主党だ。

アイゼンハウアー政権の8年は
緊張緩和と再緊張の8年である。

1952年の選挙で朝鮮戦争休戦を公約に掲げて当選し
翌53年1月に就任。
そして、公約どおり、同年中に朝鮮戦争を休戦させた。

**8章
アイゼンハウアー**

1955年のジュネーヴ四巨頭会談で雪どけを迎え
60年のU2事件で再緊張。

そして翌61年1月には2期8年の任期を終えた。
緊張状態を憂いながらの退官だった。

02 雪どけの53年

アイゼンハウアーは軍人出身。
ノルマンディー上陸作戦の英雄だった。

WWⅡのヨーロッパ戦線の司令官はアイゼンハウアー。
同時期の太平洋戦線の司令官がマッカーサー。

しかし、この2人は
戦争に対してまったく正反対のスタンスをとっている。

朝鮮戦争で核兵器の使用を主張したマッカーサーに対して
「朝鮮戦争休戦」を選挙公約に掲げたアイゼンハウアー。

マッカーサーが好戦的なのに対して
アイゼンハウアーは軍隊の使用を嫌う。軍拡も嫌う。

そんな平和主義者のアイゼンハウアーが就任したのが
1953年。
同53年にはソ連のトップであったスターリンが死去している。

資本主義陣営に不信感を募らせるスターリンの死去と
非好戦的なアイゼンハウアーの就任が偶然にも重なって
緊張は急激に和らぎ、朝鮮戦争は休戦。

雪どけに向かう。

8章
アイゼンハウアー

03 怖いからソ連と仲良くしたい

米ソ関係はさらに進展する。
しかし、その良好な関係の背後には恐怖があった。
ソ連が長距離核ミサイルの開発に成功したのだ。

1957(昭32)年にソ連は
人類初の人工衛星スプートニク号の打ち上げに成功した。
これがスプートニク=ショック。

人工衛星の開発がアメリカにとって"ショック"だった理由は
人工衛星の打ち上げ技術と
核ミサイルの打ち上げ技術がまったく同じだから。

つまり
ソ連はアメリカに核ミサイルを打ち込むことが可能となった。

"ロケット"も"ミサイル"も
どちらもガスを噴射して飛行するという点ではまったく同じ。

じゃあ何が違うのかというと、積んでいるものが違う。
人工衛星や観測機器を積んでいればロケットだし
原子爆弾や火薬を積んでいればミサイルということになる。

積んでいるものが違うだけで
ロケットとミサイルはまったく同じ構造をしているのだ。

ここで言いたいのは
スプートニクの成功はミサイル開発の成功であるということ。

ここで言うミサイルとはICBM（大陸間弾道弾）。
この長距離核ミサイルを使えば
ソ連領内からアメリカ本土へ、核を打ち込むことができる。

重要なので繰り返す。

人工衛星スプートニクの打ち上げの知らせは
ICBMの開発成功の知らせでもあった。

だから、スプートニク"ショック"と呼ばれた。

8章
アイゼンハウアー

04 ミサイル開発で
ソ連が先攻をとるワケ

では、なぜそれまで原爆や水爆の開発では劣勢だったソ連が
アメリカより早くミサイル開発の成功に至ったのか？
その理由は、劣勢だったから。

話は1947年のトルーマン＝ドクトリンにまで戻る。
アメリカはドミノ最前線であるトルコに軍事基地を置いた。

結果、アメリカはトルコからモスクワまで
B29（爆撃機）で核を運んで投下可能となった。

ソ連は確かに1949年に核爆弾の開発に成功したが
その核爆弾を米本土に落とせる航空基地を持っていない。

共産主義陣営の飛行場から
アメリカ本土までは航続距離圏外だった。
つまり、ソ連は一方的に核の脅威に怯えていた。

ゆえに、ソ連は長距離核ミサイルを開発し
直接ソ連からアメリカ本土へ打ち込もうと思った。

だからこそ、人工衛星の打ち上げに勤しんだ。
その技術はICBMとまったく同じものだから。

8章
アイゼンハウアー

スプートニク＝ショック以後は
アメリカも核の脅威に怯えなくてはならなくなった。

ちなみに、ソ連は戦闘機の生産・運用においても
優秀な国であった。

このトルコからモスクワへやってくる
原水爆搭載の爆撃機を
絶対に撃ち落とす必要があったからだ。

ソ連は1991年に崩壊したが
今日でも世界の空には
ソ連が誇ったミグ戦闘機が飛び続けている。

8章
アイゼンハウアー

05 最高レベルに怖い客

1959年にソ連の事実上の指導者である
フルシチョフが訪米した。
アイゼンハウアーは
アメリカ大統領専用別荘キャンプ＝デーヴィッドに招いた。

生徒：アメリカはソ連のICBMに怯えていましたよね。
　　　それなのになぜ別荘で
　　　仲良くおしゃべりなんかしているんですか？

ゆげ：怯えていたからこそ、仲良くしようとしたんだ。

アメリカはソ連が怖いから、ソ連と仲良くしたい。
大きな力を持つ人にすり寄っていくっていうのは
私たち個人レベルでも見られることだ。

米政府所有のキャンプ＝デーヴィッドには
最高ランクの賓客のみが招かれる。

つまり、「最高ランクの恐怖」だったわけだ。

06　U2事件…スマイルの裏側で

冷や汗をかきながら
フルシチョフと握手するアイゼンハウアー。
恐怖ゆえの友好。

作った笑顔の裏でアイゼンハウアーは
偵察機U2を飛ばしまくって、ソ連の軍事力を調べまくった。
「ICBMの実戦配備はどの程度進んでいるのだろう」と…

ところが、フルシチョフ訪米の翌60(昭35)年、
ソ連はこの偵察機U2を撃ち落とし、ぶち切れまくった。

仲良くしていたのに
なんで、我がソ連領内に偵察機なんか飛ばしているんだ！！

このU2事件によって緊張は一気に高まり
キューバ危機へと向かってしまう。

怖いから情報は欲しい。
しかし、情報を取ることで相手との信頼関係を崩し
その恐怖が具体化してしまう。

情報を取ること自体のリスクも勘案すべき…
U2事件は示唆に富んでいる。

8章
アイゼンハウアー

07 ぶっちゃけた退官演説

アイゼンハウアーはU2事件を最後に任期が終わってしまう。
この緊張状態での退官演説で以下を指摘した。

「軍産複合体がアメリカを戦争に導いている。
これは米国だけでなく、世界を破壊に導く可能性がある。」

軍産複合体はアメリカ現代史の鍵となる大事なものだ。

軍産複合体を英語で書けばmilitary industrial complex。
政府と軍、軍需産業が密接に結びついた複合体のこと。

アメリカは世界最大の経済大国であり
その主要産業は軍需産業。
しかも、アメリカの政治献金は事実上無制限。

軍需企業が政治家に巨額の献金をして
政治家はその金で広告を打ち、選挙戦を優位に戦う。

そして、献金を受けた政治家は
企業の利益になるような政策を展開していく。

その1つに戦争がある。
戦争をすれば軍需産業が儲かるし、軍部の発言力も増す。

163

アイゼンハウアーの所属する共和党の支持基盤は大企業であり
その中には、もちろん軍需企業も含まれる。

それにもかかわらずアイゼンハウアーは
退官演説で軍産複合体（＝軍需企業）を非難して辞めていった。

何度も言うけど、これぐらい争いを好まない軍人も珍しい。

9章

ケネディ
～非開示の暗殺事件～

1961-63 1期目の途中で暗殺 民主党

アポロ計画を発表するケネディ大統領

01 若くて金持ちのイケメン大統領

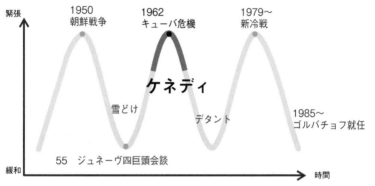

時は1960(昭35)年。4の倍数だから、大統領選挙年。
2人の候補が激戦を展開していた。

アイゼンハウアーの副大統領を8年務めた
ベテランのニクソンか
43歳の若き新人ケネディか。

この半世紀ぶりの接戦に勝ったのは、ケネディだった。
勝因は2つ。

1つはその経済力。
アイルランドからアメリカに移住してきたケネディ家。

ウォール街の伝説の相場師、
父ジョゼフ＝ケネディの代で富を築いた。

9章
ケネディ

ケネディ財閥はその潤沢な資金でポスターを貼りまくる。
そこへ、美人で派手な嫁さんジャクリーンを連れての遊説。

勝因のもう1つはその顔。
2度の大戦を通して各国で女性参政権が拡大。
それに加えて、テレビが一般の家庭に普及してくる。

ケネディは見た目もよく演説もうまかった。
そのため、多くの女性がケネディの実力とは関係なしに
彼に投票したと言われている。

対するニクソンは
アイゼンハウアーの副大統領としてずっと行政の中核におり
高い実績をもっていた。

しかし、病み上がりで臨んだテレビ討論会での
その面は、ケネディのイケメンを引き立ててしまった。

その後8年間、ニクソンは涙で枕を濡らし続けた。

02 残されたフロンティア

史上最年少の43歳の大統領が登場した。

その若い大統領が掲げたスローガンが
「ニューフロンティア政策」。

フロンティアとは開拓最前線のことだ。
19世紀、アメリカ人は森を切り拓き
それぞれ自身の力で畑を作っていた。

1890年にフロンティアは消滅する。
つまり、未開地は消滅した。

フロンティア消滅から70年。
ケネディはまだフロンティアがあると言った。
まだ、アメリカにはやるべきことがあると言った。

アメリカは
スプートニク=ショックで傷ついた威信を取り戻す。

宇宙開発を進める。
そのためにも教育、特に理系を拡充する。

アメリカ社会の停滞・諸問題を打破するため
大胆な新しい施策を行う。

9章
ケネディ

高速道路・住宅を建設し都市問題を解決するだけでなく
失業者を減らし
差別・貧困がない新しいアメリカを築いていこう。

この新しいアメリカを築くためには
一人ひとりが開拓者精神(フロンティアスピリッツ)を持つべきだ。

ケネディの有名な演説は多数あるが
以下の就任演説が一番有名。

And so, my fellow Americans:
ask not what your country can do for you――
ask what you can do for your country.

(親愛なるアメリカ国民諸君、
国があなたに何をしてくれるかではなく
あなたが国に何ができるかを考えてほしい。)

03 アポロ計画の狙い

1961年に就任したケネディは宣言した。

「60年代中に月面に星条旗を立てる。」

これに一番驚いたのは、当のアメリカの技術者たちだった。
アポロ計画はケネディの強力なリーダーシップで進められた。

具体的にはアメリカ陸軍、海軍、空軍がバラバラにやっていた
ロケット開発を一本化した。
そこでつくられたアメリカ宇宙軍がNASA。

NASAは「アメリカ航空宇宙局」と訳されているが、
人類初の月面着陸を達成したのは
アームストロング少佐。軍人だ。

ケネディのアポロ計画の本格始動の背景には
ソ連への対抗があった。
同61年、ソ連のガガーリン少佐が
人類初の有人宇宙飛行に成功していたからだ。

スプートニク＝ショックに続く
有人宇宙飛行成功はアメリカに再び衝撃を撃ち込んだ。

ヴォストーク1号で宇宙へ打ち上げられた
ユーリイ＝ガガーリン少佐は、2時間ほどで地球を1周し
予定どおり中央アジアの草原地帯に着地し、回収された。

9章
ケネディ

つまり、ガガーリンの生還は
宇宙にロケットを正確にあげて
地表の狙った場所に正確に落とす技術があると示したのだ。

正確なロケットの開発に成功したということは
正確なミサイル（ICBM）の開発成功にほかならない。

ガガーリンの有人宇宙飛行は
ソ連のICBMの精度を世界に証明したのだ。

アメリカはこれに急ぎ対抗する必要があった。
ケネディはアポロ計画に巨額の予算を投じた。
その額、なんと当時の日本の国家予算10年分にあたる。

ナチス＝ドイツのロケット開発の責任者だった
フォン＝ブラウンをNASAの初代所長にまでした。
しゃにむに、月面に星条旗を立てようとした。

しかし、悲しいかな
その月面着陸を見ることなく
ケネディは凶弾に倒れることになる。

04 老人と若者による
史上最大のチキンレース

ケネディといえばキューバ危機だ。
米ソが核戦争勃発のギリギリのところまでせめぎ合い
13日間、世界は核戦争に戦慄した。

ここでは、キューバ革命とソ連の強気に焦点を当てたい。

まず、キューバ革命の概要から。

コーヒーやコーラが好きなアメリカ人にとって
砂糖の島キューバは、重要な「植民地」だった。

形式上はキューバは独立していたが、
アメリカ企業の農園が広がり
そこでは低賃金労働者が使われていた。

カストロとゲバラは
アメリカ帝国主義からのキューバ解放を掲げ
合衆国の手先であるバチスタ政権を打倒した。

キューバ革命政府は米国の侵攻を恐れ
ソ連に支援を要請。

ソ連はミサイル基地を設置してキューバを守ろうとした。
ソ連の老人フルシチョフは強気だった。

9章
ケネディ

「ガガーリンが有人宇宙飛行を成功させたことで
我々のICBMの正確性はアメリカにも伝わっただろう。
この軍事的優位があれば、我々がキューバにミサイル基地
を設置しても、アメリカはビビって出てこられまい。」

ソ連はキューバに中距離核ミサイル（INF）の配備を開始した。
そして、アメリカの偵察機がそれを発見した。

キューバに配備された中距離核ミサイルは
シアトル以外のアメリカの大都市をすべて射程範囲に収める。

ICBMにくらべて中距離核ミサイルの本数は多く、運用も容易。
アメリカはさらなる恐怖に陥った。

有人宇宙飛行による正確なソ連製ICBMへの恐怖に加え
多数のソ連製INFを喉元に突きつけられたのだ。

老人は思った。
アメリカは怯むはずだ。

173

しかし、アメリカの若者、ケネディは怯まなかった。
ケネディは大統領執務室から世界に発表した。

「キューバのミサイル基地撤去をソ連に要求する。
また、これ以上のミサイル搬入は実力をもって阻止する。」

キューバ沖合にはアメリカ海軍が展開。
ソ連のミサイル搬入船も近づいてくる。

アメリカがキューバ沖合の封鎖を解かなければ…
ソ連が輸送船を引きあげなければ…

さらに緊張は高まる。

キューバ上空を偵察した米軍機が
ソ連の対空ミサイルで撃墜された。

その報告を受けた
ワシントンDCのソ連大使館では
開戦に備え、機密書類に薬品をかけて廃棄を始めた。

アメリカの海上封鎖ラインに近づいたソ連船に対し
米海軍は威嚇射撃を開始した。

ソ連の老人とアメリカの若者のチキンレース…
折れたのは老人だった。

ソ連の輸送船はUターンした。

05 極限の緊張から芽ばえた友情

核戦争が現実になると感じた米ソは
大きく歩み寄ることとなった。

キューバ危機の結果、以下が取り決められた。

・ソ連側はキューバのミサイル基地を撤去
・アメリカ側もトルコのミサイル基地を撤去
・アメリカは絶対にキューバに軍事侵攻をしない
・ホットライン開通

この時代のホットラインというのは
首脳間直通の文字通信のこと。

この場合、米大統領とソ連の書記長との直通回線だ。

ホワイトハウスとクレムリンの間で、意思疎通を直接・迅速に行えるように専門の技術者と翻訳官が24時間365日待機した。

06 核の独占

核戦争が現実になるかもだったキューバ危機。
その翌年である1963(昭38)年に部分的核実験禁止条約が
米英ソで結ばれた。

部分的核実験禁止条約の略称はPTBT(Partial Test Ban Treaty)。
PはPartialのP。「部分的」という意味。

「地下実験はOKだけど、それ以外の空中や水中ではダメ」
だから、部分的なのだ。

これに対して1996(平8)年に国際連合で採択された
CTBT（包括的核実験禁止条約）
のCというのは、ComprehensiveのC。「全部」という意味。

CTBTは宇宙空間や大気圏内のあらゆる空間での
核実験を禁止している。

さて、この部分的核実験禁止条約の呼びかけに
ぶち切れまくった国があった…フランスと中国だ。

当時フランスは、核の開発には成功していたものの
実験の数が少なかったために、まだデータが不足していた。

中華人民共和国では、まだ一度も実験をしていなかった。

中国とフランスは抗議した。

9章
ケネディ

「あなた方は、核実験のデータをすでに
十分に持っているから、実験禁止とか言い出すんだ。
こんなの核の独占にほかならない。
我々は実験する！！」

中国とフランスはPTBTに参加しなかった。

しかし、この中仏の核開発が進むと態度が変わる。
核拡散防止条約（NPT）を締結することになる。

この条約は、米ソ英仏中のみの核保有を認め
非核保有国が新規に核兵器を保有することを禁止するものだ。

あれほど核の独占に反対していた中国とフランスは
自分たちが核を保有した途端に手のひらを返したように
核を独占する側に回ってしまった。

07 「白い黒人」には黒人の気持ちが分かった

ケネディのひいおじいちゃんは
アイルランドのジャガイモ飢饉から逃れてアメリカに移住し
伝説の相場師と呼ばれた父が財を築き上げた。
ケネディ財閥はもともと貧しい、貧しい家系だったのだ。

そのため、ケネディ家は左派的な思想を持っており
社会的弱者を基盤にしている民主党に所属している。

「白い黒人」と言われた貧しいアイルランド系移民。
その子孫であるケネディは、黒人解放にかなり理解があった。
このケネディ政権下で、黒人たちは公民権運動を進めた。

公民権とは参政権・市民権とほぼ同じ意味である。
学校や選挙に行ける権利などである。

生徒：合衆国憲法修正第13・14・15条で黒人は市民権を
　　　手に入れたんじゃないんですか？
ゆげ：たしかに、南北戦争後に定められた憲法には
　　　黒人の市民権が定められている。
　　　だが、南部では州法で黒人の選挙権等を制限していた。

生徒：それって憲法違反なのでは？
ゆげ：まさしく、そのとおりだよ。ケネディは現状の州法は
　　　違憲状態と述べ、改善すべく動いた。

9 章
ケネディ

19世紀まで黒人を奴隷として使っていた南部の州は
選挙権を得るための読み書きテストを実施したり
選挙権自体を有料化したりしていた。

そうすることで、識字率や所得が低い黒人に
選挙権を与えないようにしていたのだ。

南部の黒人は、選挙権の制限だけでなく
州立大学への進学制限、
バスなどの公共交通機関の利用制限などもあった。

ケネディはこの状況を大幅に改善しようと
公民権法制定に尽力した。

公民権法というのは
憲法の下、州法の上位にある連邦法である。
合衆国全土に効力を持つ法律だ。

南部における黒人差別の州法は無効であり
必要があればアメリカ中央政府が
警察・軍事力で介入し無効化するというのが、公民権法である。

たとえば、黒人が州立大学の入学を拒否された場合、
アメリカ中央警察、FBIがその黒人を入学式に参加させる。
そこまでやるぞ…という法律である。

このような法律の制定を目指した公民権運動は
1963(昭38)年のワシントン大行進で絶頂を迎えた。
その100年前である1863年は奴隷解放宣言が出された年だ。

ワシントンに集まった20万人以上の黒人の前で
キング牧師が行った演説"I have a dream"は
不朽の名演説と言われる。

I have a dream
that my four little children will one day live in a nation
where they will not be judged by the color of their skin
but by the content of their character.

(私には夢がある。
いつの日か、私の4人の幼い子どもたちが
肌の色ではなく、人格そのものによって評価される国に
住めるようになるという夢だ。)

"I have a dream"の演説をするキング牧師

08 ケネディ暗殺 3つの推測

キューバ危機を乗り越え、ソ連との緊張が和らいだ矢先、
ケネディは南部のテキサス州ダラスで暗殺されてしまう。
彼の暗殺にはいろいろな憶測がある。

ケネディ暗殺の理由①
差別主義者による暗殺という説。
黒人に甘過ぎた大統領であったと…

オープンカーに乗っているケネディが頭を撃ち抜かれたのは
テキサス州ダラス市。黒人差別の強い南部。

ケネディ暗殺の理由②
カトリック教徒であったために
ケネディ大統領は暗殺されたという説。

アメリカの大統領は基本的に支配階層のWASP（ワスプ）出身。
WASPとは、White-Anglo=Saxon-Protestantの略。

ケネディは白人だが
アングロサクソン系（イギリス系）ではなく、アイルランド系。

アメリカの上流層のほとんどはカルヴァン派であるが
ケネディ家は、カトリック。
カトリックの大統領はいまだにケネディだけである。

そして、暗殺の理由として推測されるのが「教皇の至上権」。
カトリック信者にとっては教皇の言うことは絶対。

ケネディはカトリック教徒だから、教皇の下にいる。
カトリックのアメリカ大統領ではローマ教皇の言いなりに…
これを危惧した者たちが大統領を暗殺した…という説。

ケネディ暗殺の理由③
軍産複合体がケネディを殺したという説。

ケネディは軍産複合体と真っ向から衝突した。

たとえば、キューバ危機の際、
太平洋戦争で日本を焼き尽くしたことで有名な
ルメイ参謀総長が、キューバ即時空爆を強く提案した。
ケネディはこれを却下し、海上封鎖にとどめた。

好戦的な軍部との深刻な対立があった。

ケネディを引き継いだジョンソン大統領は
史上最も金のかかった戦争であるヴェトナム戦争を始めた。
これは軍産複合体を恐れてなのか…

ケネディ暗殺に関する調査報告書は2039年まで非開示扱い。
理由は「国内外への大きな影響を及ぼすため」。

10章

ジョンソン
～偉大な社会と不正義の戦争～

1963-69 ケネディ暗殺後副大統領から昇格 民主党

公民権法にサインするジョンソン大統領

01 貧困と差別をなくす「偉大な社会」

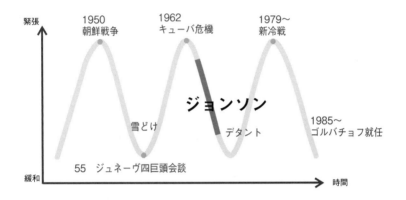

ケネディ暗殺により、副大統領から昇格したジョンソンは
内政に関してはケネディの政策を継承・拡大した。
それが「偉大な社会」(Great Society)計画。

アメリカから貧困と差別をなくそうと
ジョンソンはケネディ以上に黒人解放に尽力する。

ケネディ政権下で高まった公民権運動は
最終的にジョンソンのときに公民権法制定として結実した。

02 死ぬのはほぼ黒人

ジョンソン政権下の1965(昭40)年、
ディエンビエンフーで敗北したフランスに代わって
アメリカは共産勢力の拡大を阻止すべく
ヴェトナムに実戦部隊を派遣。

いわゆるヴェトナム戦争だ。

ヴェトナムの戦場で死んでいく米兵の半数以上は黒人だった。

アメリカの全人口に対する黒人の人口割合は
10パーセントしかないのに…

その理由は黒人に仕事がなかったから。

黒人の多くが教育などに恵まれず、就職ができない。
だから兵隊になることで、免許を習得したり
大学の学費を稼いだりした。

だから、黒人は自ら志願して入隊してきた。
志願兵は最前線に送られる場合が多く
前線における黒人の比率が極めて高くなった。

難しい言葉を使うと、社会的徴兵である。

このように黒人がヴェトナムで死んでいき
キング牧師の公民権運動とヴェトナム反戦運動が結びついた。

特に反戦運動が盛り上がったのが、1968(昭43)年。
この68年にはヴェトナムの共産勢力が一気に反撃を仕掛けた。
テト（旧正月）攻勢である。多くのアメリカ兵が死んだ。

逆に言えば、反戦運動を盛り上げるために
ヴェトナムの共産勢力は68年に大規模攻勢を仕掛けたのだ。
なぜなら、68年は4の倍数、つまり大統領選挙年だから。

米兵の死者が多数出て反戦運動が盛り上がれば
選挙において、ヴェトナム撤退を掲げる候補が有利になる。
これを狙ってのテト攻勢であった。

この反戦運動は盛り上がり
ジョンソンの次のニクソン政権で
アメリカはとうとうヴェトナムから撤退する。

建国以来、無敗を誇っていた超大国アメリカは
水牛で田植えをしているヴェトナムに
とうとう勝つことができなかった。

10章
ジョンソン

03 ヴェトナム戦争の敗因はテレビだった

アメリカがヴェトナムから撤兵した大きな理由に
国内の反戦運動の高まりがあった。

反戦運動が盛り上がった理由は大きく2つ。

①マスコミの発達
②スチューデントパワー

それぞれについて丁寧に見ていきたい。

①マスコミの発達

1957年のソ連によるスプートニク打ち上げから
米ソの人工衛星技術は高度化し、衛星中継技術が登場する。

そして、記念すべき日米の同時中継開始のその日に
ケネディ暗殺の知らせが入ってきた。
マスコミ業界の年寄りはみな知っている話。

この時期のマスコミの発達は目覚ましかった。
日本の話になるが、
左翼学生が人質をとって立てこもったあさま山荘事件では
現場の映像がリアルタイムで流され
最高視聴率は89.7%に達した。

ヴェトナム戦争においても、戦場にテレビカメラが入り
戦闘の様子をリアルタイムで配信するようになった。

上図はテト攻勢のさなかのサイゴンで撮られた映像の一部。
アメリカが支援する南ヴェトナム軍が逮捕したのは
恐らく共産勢力側の人間。
恐らくというのは、裁判も行われずに処刑したから。

この路上での処刑の結果、
「アメリカは正義の側にいるのか」と世界中で批判された。

この時代、アメリカ本国での夕食の時間に
バラバラになった兵士の遺体が生放送で茶の間に入ってきた。

当然、反戦運動は高まり、戦争継続は困難となった。

カメラに負けたと言われたヴェトナム戦争。
以降、アメリカは前線にカメラを入れないようになった。

②スチューデントパワー

反戦運動の中心となったのは団塊の世代といわれる学生たち。
団塊の世代とは1947(昭22)-1949(昭24)年に生まれた人々。
団塊の世代がいるのは日本だけではない。

WWⅡが終わった1945(昭20)年に
男たちが戦場から各国へ帰ってくると
結婚して、子どもが生まれた。世界中でベビーブームが起きた。

1968(昭43)年というのは、ベビーブーマーが20歳ぐらいの時。
絶対数が多い彼らの運動には力があった。

団塊の世代の若者は、世界中で数の力ではしゃぎまくった。
これを「スチューデントパワー」と呼ぶ。

この時期はヴェトナム反戦運動だけでなく
全世界的に学生がそのエネルギーを社会にぶつける。

学生がソ連軍の戦車と対峙したプラハの春も
学生がパリを占拠したフランス5月革命も
紅衛兵が毛沢東語録を掲げたのも
東大安田講堂事件もこの頃だ。

マスコミの力とスチューデントパワーによって
反戦運動が盛り上がると、
ジョンソン大統領は世論の支持を得ることができなくなり
ヴェトナム戦争の行く末を次期政権に委ねることになった。

11章

ニクソン
〜ジョンソンのツケを払い続ける〜

1969-74 2期目の途中で辞任 共和党

1972(昭47)年、ハワイで田中角栄首相と会談するニクソン大統領

01 リベンジを果たしたニクソン

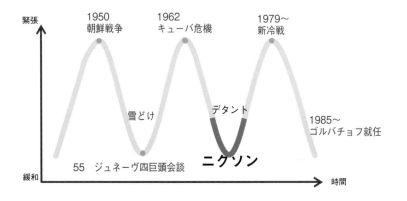

1968年の選挙で勝ったのは共和党のニクソン。
ケネディとの大統領選挙で敗れてから8年後だ。

アイゼンハウアー政権で副大統領を務めたベテランが
金持ちの若造に負けた屈辱を晴らし、大統領になった。

しかし、ニクソンの仕事はつらかった。
ジョンソンが始めたヴェトナム戦争のツケを払わされた。

11章
ニクソン

02 国際通貨体制に激震

まず、ニクソンが払った経済的なツケについて説明する。

簡単に言うと、
戦後続いてきた1ドル＝360円の固定相場制が
ニクソン＝ショックにより崩れ
変動相場制に移行したというお話。

日々のニュースで
「今日の為替相場です。1ドル、113円〜」などと流れるが
これは、今から説明するニクソン＝ショック以降の話だ。
それ以前は1ドル＝360円で固定だった。

通貨制度について、時間順で話す。

第二次世界大戦の原因は
各国がお札を刷りまくった結果…という共通認識があった。

大恐慌の中、各国が輸出有利を求め
自国通貨を安くしようと通貨を発行しまくった。

この競争の結果、通貨の交換レートが乱高下し
貿易が縮小し、最終的には戦争に至った。

そのため
大戦後は安定した国際通貨体制が必要と考えられた。
そこで、ドルを世界通貨として使おうと考えた。

「つまり貿易の決済ではドルを使いましょう！！」

しかし、前提としてドルの価値が安定しなくてはいけない。
貿易で貯め込んだドルが下落すると困るから。

このドルの安定は可能と考えられた。
アメリカは圧倒的な経済力を誇っていたからである。

この経済力は工業力と金（ゴールド）準備に分けられる。

アメリカは高い工業力を持っていた。
ドル札を持っていれば、アメリカの質の高い製品が買える。
ゆえに、世界中がドルを求めている。だから世界通貨になれる。

また、アメリカ政府はドル札とゴールドの交換を認めた。
大戦直後におけるアメリカの金（ゴールド）の保有量は
世界中で保有されている金の70％にまで及んだ。

このアメリカの高い工業力と高い金準備高を背景に
つくられた国際経済体制が、ブレトン＝ウッズ体制である。

一言で言うならば
ドルを基軸通貨とした金本位による固定相場制である。

固定相場制というのは、１ドル＝360円で交換を固定する。

もちろん、ドルと円だけじゃなくて
ドルとポンド（イギリス）、ドルとマルク（ドイツ）などの
交換比率も決まっていた。

11章
ニクソン

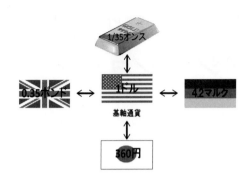

簡単に言うと
「1ドル持ってきたら、金約0.8グラムと交換しますよ」
というのが金本位制。

金を使ってドルの価値を安定させる仕組みのことだ。
当時は金とドルと円の交換比率が決められていた。
1オンス（約30グラム）＝35ドル＝12600円＝35×360円

いつでも金とドルが交換できるから
誰もがドルを信用することになる。

生徒：じゃあ、日本は円を刷りまくって、ドル札と交換、
　　　さらにゴールドと交換したら！！
ゆげ：駄目だ。
　　　通貨の番人IMF（国際通貨基金）が見張っている。
生徒：残念、印刷できないのですね。
ゆげ：いや、一国だけ、刷りまくった国がある。
　　　当のアメリカだ。
生徒：いいのですか？
ゆげ：横暴な国なのだよ…アメリカは…

03 史上最大の詐欺…ニクソン＝ショック

1971(昭46)年にニクソン大統領は
突然に金とドルの交換を停止すると発表。
これがドル＝ショック（ニクソン＝ショック）。

金とドルの交換を停止するというのは
つまり金本位制をやめるということ。

ニクソン＝ショックの直前、各国は次のようなことを考えた。

「あれれ？おかしいぞ？
最近、すごい量のドル札が出回っているぞ？
合衆国はこれだけのドルと交換できる金を保有しているのか？今のうちにドル札と金、換えておこう…」

ドルの流通量が大きく増えた理由の1つは
ヴェトナム戦争に必要な莫大な物資を
ヴェトナムに近い日本から調達していたから。支払いはドル。

また、日本や西ドイツなどの工業力が成長し
アメリカが繊維などの大量輸入にドル札を使っていた。
この1971年にアメリカは貿易赤字国に転落している。

そのドルの支払いのため
本当はいけないのだが、ドル札を大量に印刷した。

11章
ニクソン

各国はあふれるドル札に不信を抱き、ドル札を金と交換する。

この相次ぐ金・ドルの交換要請に対し
ニクソンは金・ドル交換停止を発表。
う〜ん、これは史上最大の詐欺だ。

アメリカからの金流出は一定程度で止まり
いまだ世界最大の金準備を誇っている。
このニクソン＝ショックによって
安定していた金本位制が終わる。固定相場制が終わる。

各国はドルを貯め込んでいたが、その価値は大きく下がった。
各国は米国に抗議した。

しかし、ニクソンは言い放った。

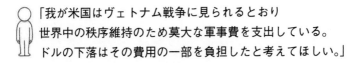

「我が米国はヴェトナム戦争に見られるとおり
世界中の秩序維持のため莫大な軍事費を支出している。
ドルの下落はその費用の一部を負担したと考えてほしい。」

ニクソン＝ショックは超大国の横暴だ。
そして、アメリカは基軸通貨ドルの立場を利用し
国際通貨秩序に寄生していたと言ってよい。

ブレトン＝ウッズ体制時には、1ドルで360円も買えたのだが
現在は1ドルで100円程度しか買えない。

また、固定相場制（金本位制）から
変動相場制に移行してしまった。

変動相場制というのは
みながそれぞれ
勝手に円とドルの売買をしていいという制度。

毎日ニュースで見る為替レートというのは
「みんなが勝手に売買している円とドルの比率は
だいたいこれぐらいです」…というのを示したもの。

ニクソン＝ショック以降、世界経済は不安定化した。
ドルと円の相場がコロコロ変わるのであれば
生産計画を立てづらくなるからだ。

まとめると、
ジョンソンが始めたヴェトナム戦争の戦費がかさんだことで
金本位制が維持できなくなり
やむを得ず金・ドル交換停止を発表したニクソン。

ジョンソンのせいなのに
ニクソン＝ショックという不名誉な名前までつけられた。

そして、ヴェトナム戦争の戦費は事実上、
日本を含めた多数の国が負担したことになる。

11章
ニクソン

04 ヴェトナム戦争のヴェトナム化

ここまで、ニクソンが払った財政的なツケを説明したが
ニクソンは外交的にもヴェトナム戦争のツケを払わされた。

国内で盛り上がる反戦運動やニクソン＝ショックのせいで
アメリカはヴェトナムに兵を送り続けることが
できなくなっていた。

ニクソンは思った。
「俺は…合衆国史上初の負け戦の大統領になるのか…
負けたくない。しかし、戦争はもう続けられない…」

そこで、ニクソンが企図したのが
「ヴェトナム戦争のヴェトナム化」だ。

ニクソンは、中国に対してこうお願いした。

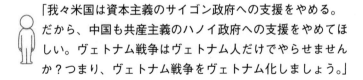

「我々米国は資本主義のサイゴン政府への支援をやめる。だから、中国も共産主義のハノイ政府への支援をやめてほしい。ヴェトナム戦争はヴェトナム人だけでやらせませんか？つまり、ヴェトナム戦争をヴェトナム化しましょう。」

ヴェトナム戦争で北ヴェトナムを応援しているのは
中華人民共和国とソ連。

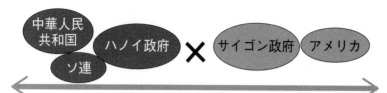

特に地理的にヴェトナムに近い中国がかなり支援していた。
上記外交交渉をお膳立てしたのは
大統領特別補佐官のキッシンジャーだ。

当時、彼は日本でいえば秘書官であり、大臣ではない。
国務省（外務省）ではなく、ホワイトハウスによる隠密外交は
当時、忍者外交と呼ばれた。

1972(昭47)年にはニクソンは訪中に至った。
ヴェトナム戦争のヴェトナム化を
ニクソンは毛沢東にお願いした。

その懇願ぶりは
ニクソンの嫁さんの真っ赤なコートからも分かる。
赤は共産カラー。中国の国旗も赤色だ。

ニクソン訪中の成果もあって
翌73年にはヴェトナム和平協定が結ばれ
アメリカの実戦部隊はヴェトナムから撤退に至った。

和平協定が結ばれてから
1975年にヴェトナム戦争が終結するまでの2年間は
主にヴェトナム人どうしでの戦闘が行われた。

05 互いにノーガードでいこう

キューバ危機により米ソ関係は好転した。
1979年から再緊張までの時期を「デタント」という。
デタントというのはフランス語で緊張緩和という意味。
フランス大統領ド＝ゴールの言葉から持ってきた。

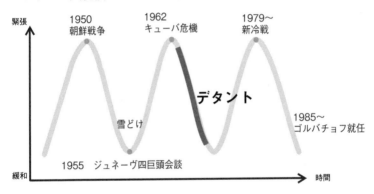

デタントの象徴ともいえるイベントが
1969〜72年の第一次戦略兵器制限交渉（SALT Ⅰ）。
これもニクソンの功績。

このSALT Ⅰはとても怖い軍縮。
互いにノーガードでいこうという条約。

通常、敵が核ミサイルを打ち上げた場合、
そのミサイルが自国に着弾する前に
迎撃ミサイルで撃ち落とす。

SALT Ⅰは、この迎撃ミサイルを制限するというものだ。
迎撃ミサイル基地は首都ともう1か所の
計2か所しか置けない。

この狙いは、「お互いノーガードになりましょう」ということ。
お互いに核ミサイルに対してノーガードになり
やったら確実にやられる状況をつくることで
核抑止力を高めたのだ。

恐怖の均衡だ。

11章
ニクソン

06 アポロは本当に月に着陸したのか？

ケネディ政権で本格始動したアポロ計画。
ジョンソン、ニクソンと引き継がれて、1969(昭44)年に
アポロ11号によって月面に星条旗がたなびいた。

一部には、「アポロ11号は実際には月に行ってないだろう」
という意見があるが、これにはある程度の説得力がある。

ケネディが60年代中に月面着陸すると言ってしまったために
引くに引けず60年代最後の年である69年に
スタジオで撮影したと考えてもおかしくはないかもね…

ここで、宇宙開発の歴史を短くまとめたい。
世界初の人工衛星スプートニクの打ち上げは1957年。
アポロ11号の月面着陸は1969年。その間、わずか12年。

この急速な宇宙開発の背景にあるのは、もちろん米ソの対立。
核ミサイル開発競争だ。
逆に言えば、1985(昭60)年にゴルバチョフが書記長に就任し
事実上冷戦が終わってからは、宇宙開発スピードは遅い。

最後に月に行ったのは1972(昭47)年で
もう40年以上も月に行ってない。
冷戦が終わり、宇宙開発は真の目的を失ったのだ。
宇宙開発が進まないのは平和の証でもある。

07 盗聴で辞任

合衆国の大統領で唯一辞任したのがこのニクソン。
その原因となったのがウォーターゲート事件だ。

時は1972年の大統領選挙年。
民主党の選挙対策本部があるウォーターゲートビルで
5人の男が盗聴器を仕掛けている最中に
ガードマンに捕まった。

取り調べや裁判の過程で
どうやら共和党のニクソン大統領の指示で
盗聴器を仕掛けた可能性が高いことがわかった。

ニクソンはこの事件をもみ消そうとした。
ワシントンポストは果敢に戦い続け
最終的には世論を味方につけた。

メディアが権力に勝った事例として
マスコミ関係者の年寄りが好きな話である。

最終的にはニクソンも、静かに辞任した。

重ねて言うが
アメリカの歴史上で辞任した大統領はニクソンだけである。

12章

フォード
〜戦後一番知名度の低い大統領〜

1974-77 ニクソン2期目を継承 約3年 共和党

01 何もしてない大統領

ニクソン辞任により、副大統領フォードが大統領に昇格。

フォードは何もしてない。
教科書や資料集でも彼のところは空白。
完全に自動車王フォードに知名度は負けている。

大統領に昇格した後、
現職として挑んだ大統領選挙ではカーターに敗北している。

つまり、合衆国史上唯一、
選挙で勝利したことのない大統領である。

13章

カーター
~とにかく優しい牧師さん~

1977-81 1期4年 民主党

イスラエル首相ベギン（左）とエジプト大統領サダト（右）の
和平条約を仲介したカーター

01 ニクソンとは違うぞ 清純派カーター

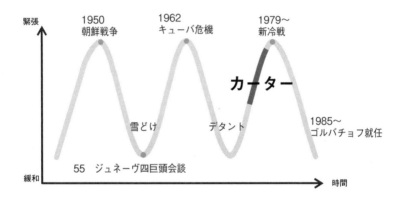

カーターはもともと牧師だった。
ニクソンがウォーターゲート事件で辞職したこともあって
次の選挙ではクリーンなイメージの牧師カーターが当選した。

かなり似たケースで、
日本でも田中角栄の金脈問題のあとに
クリーン三木が首相になっている。

02 カーターの優しさ

牧師のカーターが掲げた外交のスローガンが人権外交。

アパルトヘイトを展開していた
南アフリカなどの人権抑圧国家に対しては
軍事・経済援助を打ち切った。

また、クーデターメーカーと呼ばれたCIAを縮小し
外国要人暗殺を禁じた。

とにかく優しいカーター。

03 なぜアメリカが中東の和平を促すのか

優しいカーターは中東戦争の仲介もした。
中東戦争とはイスラエルと周辺アラブ諸国による
4回にまで及んだ戦争のこと（中東戦争の詳細は下巻）。

カーターがこの中東戦争の仲介をした理由は
優しさだけではない。
その理由は、1973年の第四次中東戦争、
そしてそれに続く石油危機があったから。

アラブ諸国とイスラエルが争った第四次中東戦争において
アラブ側は石油戦略を展開した。

イスラエルの味方をするアメリカとその友好国には
油を売らないぞ！というものだ。

この結果、
第一次石油危機（オイルショック）が起きてしまった。

中東からの安い油に頼り切っていた多くの国が
パニックに陥った。

世界最大の石油消費国であり
世界最大の石油輸入国でもあったアメリカは
オイルショックによって大きなダメージを受けた。

13章
カーター

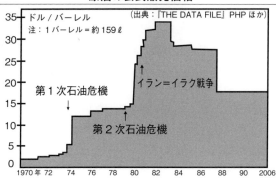

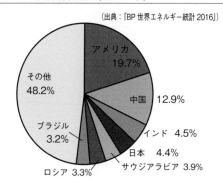

中東の情勢が不安定になれば、油の価格が上がりかねない。
だから、アメリカが中東和平の仲介に乗り出した。

1978年、カーターは大統領の別荘キャンプ＝デーヴィッドに
イスラエルとエジプトの代表を呼び出して会談を開き
平和条約への前提となる
キャンプ＝デーヴィッド合意を取りつけた。

ちなみに近年、シェールオイル革命が進み
アメリカはエネルギーの自給率を大幅に高めた。
現在、アメリカは石油輸出国である。

そのため、合衆国は今後
複雑な中東外交から手を引く可能性が高いといわれている。

13章
カーター

04 とうとう米中国交正常化

1975年にヴェトナム戦争がハノイ政府の勝利で終結した。
これによって
ヴェトナムは完全に共産主義陣営に入ることが確定した。

以前は中国と国境を接しているヴェトナムにまで
米軍やその支援が展開し、中国は強い警戒感を抱いていたが
ニクソン訪中による「ヴェトナム戦争のヴェトナム化」により
その不信感もなくなった。

そして、遂にカーター政権時に米中国交正常化に至った。
両国は双方を国家として承認し、大使館を設置し合い
スムーズな連絡を取り合えるようになった。

この背景には中ソ対立もあるのだが
その詳細は下巻で。

05 受難の年79年

アメリカにとって1979年は受難の年だった。

ソ連がアフガニスタンに侵攻し東西の緊張が再び高まる。

また同79年にイラン革命により
極端な親米国家だったイランが
極端な反米国家になってしまう。

優しい、いや、優しすぎるカーターは
アメリカに迫りくるさまざまな困難に対応できなかった。

時は1980年の大統領選挙。
通常、選挙では現職有利で、2期目に入るのだが
優しすぎたカーターは歴史的大惨敗を喫する。

大勝したのは、強いアメリカを掲げるレーガンだった。

受難の79年を乗り越えるために
国民は「強いアメリカ」を選んだ。

14章

レーガン
～冷戦の勝者～

1981-89 2期8年 共和党

01 悪の帝国と戦う強いレーガン

1981(昭56)年に
「強いアメリカ」を掲げたレーガンが大統領に就任。

デタントで落ち着いていた米ソの緊張は再び高まる。
新冷戦（第二の冷戦）の始まりだ。

この時は、筆者にも記憶がある。
小学校低学年だったが
教師たちが「ソ連が北海道に上陸してくる」とか言っていた。
小学生にも緊張感が伝わるくらい、対立は先鋭化していた。

「強いアメリカ」を掲げるレーガンは
スターウォーズ計画に着手した。

発射されたICBMを
宇宙空間で人工衛星からビームで撃ち落とす。

そんなSFみたいなスターウォーズ計画。
当時、スターウォーズがヒットしていた。

ちなみに、80年公開の「スターウォーズ〜帝国の逆襲」は
前年の79年のソ連のアフガニスタン侵攻と
ジャストフィットした。
主人公は自由を求めて暗黒の帝国軍と戦う。

14章
レーガン

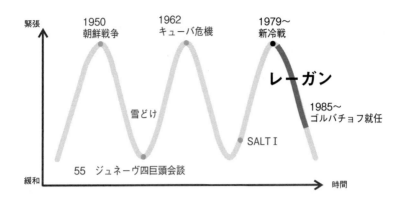

ハリウッドの俳優出身だったレーガン大統領も
ソ連を悪の帝国と非難した。
ここで、復習したい。

ニクソン政権下でSALT I（戦略兵器制限交渉）が進んだ。
先述したが、迎撃ミサイルを極端に制限した状態で
もしミサイルを撃ち合えば、両者とも迎撃できずに滅亡する。

仮にアメリカの先制攻撃で、ソ連全土が焼け野原になっても
北極海の氷の下に隠れていた潜水艦から核が発射される。
迎撃ミサイルはないため、アメリカも焦土と化す。

SALT I は、このように核兵器の使用を躊躇させる
恐怖の均衡を目指したものであった。

さて、レーガンのスターウォーズ計画は
飛んできたソ連の核ミサイルを
人工衛星からのビームで撃ち落とすものだ。

つまり、ソ連を滅ぼし
アメリカだけが生き残る道を激走することになる。

「激走」と表現した理由はその予算が莫大であるからだ。
史上最も金のかかったヴェトナム戦争よりも
はるかに大きい予算が
このスターウォーズ計画に投入された。

14章
レーガン

02 双子の赤字
財政赤字…軍拡が主因

レーガンの掲げる強いアメリカの代償は、経済にあった。

レーガン政権期に抱えた財政赤字と貿易赤字を
まとめて「双子の赤字」と呼ぶ。
ここではその原因についてくわしく説明する。

財政赤字というのは、簡単に言うと
集めた税金よりも、支出の方が多い状態。

グラフのとおり、
レーガン政権時の国防予算の上昇率は突出している。
スターウォーズ計画に見られるように
レーガンの軍拡は大きな財政赤字を引き起こしてしまった。

これが双子の赤字のうちの財政赤字の原因だ。

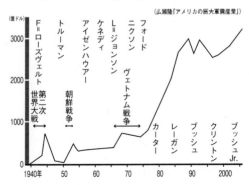
（広瀬隆『アメリカの巨大軍備産業』）

03 双子の赤字
貿易赤字…日本が主因

貿易赤字というのは、輸出額よりも輸入額の方が大きい状態。
簡単に言うと、国全体で買い物しすぎということ。

戦後のアメリカが
貿易赤字を抱えるようになったのはニクソンの時代のこと。
ヴェトナム戦争に必要な物資を日本から調達していたからだ。

しかし80年代の貿易赤字は
それまでとは比べ物にならないほど大きなものだった。
理由は、アメリカが大量の日本車を輸入していたから。

なんで日本の自動車がそんなに売れるのかというと
日本の車の燃費がとてもよかったから。

日本車の燃費の良さはオイルショックに理由がある。
オイルショックで、一番ダメージを受けたのは日本だった。

日本では事実上、油は採れない。
石油の自給率が極端に低かった。

石油価格の高騰に直面した日本の自動車業界は
燃費にこだわるようになっていった。
オイルショックの逆境から
日本は低燃費車の開発に成功した。

14章
レーガン

そして、1979年のイラン革命によって
大産油国イランは極端な親米国家から
極端な反米国家となった。

さらに翌年にはイラン・イラク戦争が始まり
石油価格は高騰した。

低燃費車の日本車は自動車大国アメリカで売れまくった。
こうして貿易赤字はさらに膨らんでいった。

この貿易赤字は、財政赤字につながる。
アメリカの自動車会社
フォード・クライスラー・ゼネラルモーターズは
大幅に業績を悪化させ、大量の整理解雇を行った。

企業も収益を上げてないし
労働者も職を失ったり、賃金が下がったりしている。
つまり、税収も悪化した。

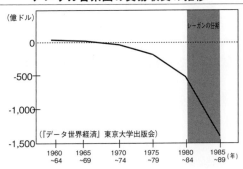

アメリカ合衆国の貿易収支の推移

(『データ世界経済』東京大学出版会)

04 純債務国へ転落

双子の赤字を抱えても強いアメリカは軍拡を続ける。
そのため、米国政府は多額の借金を行った。

こうしてアメリカは純債務国に落ちてしまった。
純債務国への転落というのは
トータルで借金の方が多い国になったということ。

逆に、日本はバンバン車を輸出してバンバン稼いでいた。

稼いだ金をさらに増やしたいから
その金を貸し付けたり、投資したりで
さらに儲けるようになる。

アメリカと対照的に、日本は債権国への道を突き進んだ。
三菱地所がロックフェラー＝ビルまで手に入れ
アメリカの魂まで買ったのもこの頃だ。

ちなみに、アメリカで自動車産業が発達したのは
アメリカで大量の石油が採れたからである。

しかし、低燃費車で米国市場を席巻した日本が
石油王ロックフェラーのビルを購入するとは
皮肉すぎる話である。

05 それでも 金を集めたいアメリカ

新冷戦期のレーガン政権は
スターウォーズ計画のための研究費が欲しい。

一方で、本来アメリカのお家芸である自動車産業は
日本車に押され絶不調。ゆえに税収は少ない。

ここでアメリカは多額の借金をする。
借金をするために国債に高い金利をつけた。

そうすると、通貨レートはドル高円安になった。
アメリカ国債はドル建てだから。

ドル建てというのは
アメリカのドルで買わなくてはいけないというもの。

つまり、アメリカ国債を買うために
円を売って、ドルを買うことになる。

ゆえに円が売られて、円安になる。

06 借金の無限ループ

アメリカが国債の利子を上げるとドル高になる。
つまり、円安ドル高になる。

ここで、とても大事な話。
輸出を有利にしようと思うならば
自国通貨の価値が低い方がよい。
つまり、円安は日本にとって輸出有利。

円安になると、日本の輸出はさらに伸びる。
一方、アメリカ車は売れない。

企業収益減、労働者給与減、つまり税収減、
ゆえに財政赤字拡大。
だから、また借金する。

借金をするために国債の金利を上げると、すでに説明したが
ドル高円安となり、日本の方が輸出有利になってしまい
さらに日本の車が入ってくる。
こうして、さらに赤字は膨らんでいく。

アメリカは貿易赤字拡大の無限ループの中にいた。
でも、アメリカはそれでもいいと考えていた。
日本に儲けさせた方がいいと考えていたのだ。

80年代前半は新冷戦。
ソ連の脅威がまたも大きくなってきた時代。

そして、日本はソ連・北朝鮮・中国に近い。
つまり、ドミノの最前線である。

だから、日本に儲けさせることで
日本の共産化を防ごうと考えていた。

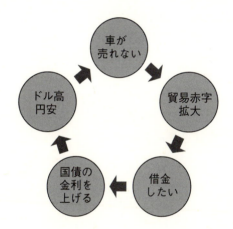

07 バブル崩壊の原因は プラザ合意だった

日本車が売れすぎたせいで
アメリカの自動車産業の中心地デトロイトは
失業者でめちゃくちゃな状態になっていた。
「日本人が歩いていたら撃ち殺される」とまで言われた。

しかし、状況は変わる。
米国との軍拡競争に耐えられなくなったソ連で
ゴルバチョフが書記長に就任した。
事実上の冷戦敗北の承認であった。

冷戦は終わった。
つまり、アメリカはもう日本に儲けさせる必要がなくなった。

ゴルバチョフ就任から数ヶ月後の1985(昭60)年の9月。
アメリカはニューヨークのプラザホテルに
G5（先進5か国）の大蔵大臣と中央銀行総裁を呼びつけた。

そして、アメリカはこう言った。

「円安ドル高だから、アメリカ産の車が売れない！！
今からドル安にする。つまり円高にする。
そのためにみんなで一斉に
円を買いまくって、ドルを売りまくれ。」

14章
レーガン

これがプラザ合意。
各国の政府・中央銀行が大量に円を買えば
円の価値が上がって、円高になる。

アメリカはプラザ合意によって円高ドル安に誘導して
双子の赤字から脱出しようと試みた。

プラザ合意によってドル安円高になると
日本車は売れなくなってしまう。そこで、日本は考えた。

「どうしよう。
アメリカが車を買ってくれなくなってしまった。
それならばいっそ、日本国民に車を買ってもらおう。」

日本国内での需要を増やすために日本銀行は金利を下げた。
金利が低いと、お金を銀行に預ける気がなくなる。
ゆえに、車でも買おうかとなるのでは…

しかし、この内需拡大は基本的に失敗と考えてよい。
金利の低下には、深刻な副作用があった。
その副作用とは、資金調達コスト低下による投機熱である。

説明しよう。銀行からお金を借りる人や企業からすれば、
低金利は借りやすくなる。この資金調達コストの低下が
土地や株への投資、いや投機を拡大させてしまった。

ここで、話をがらっと変えたい。
経済の一般原則について話したい。

工業で儲かった国は、金融業のステージに上がる。
車を売って貯め込んだ利益を、今度は海外に投資するのだ。
そのステージに上がる際、
国際線がある大都市の一等地の地価が上昇する。

理由は、金融業にとって、一番大事なのは情報だからである。
一次大戦で儲けた後のニューヨークに
摩天楼が立ち並んだのが良い例だ。

だから、1980年代後半の東京の地価が上がるのは当然だ。
しかし、この時に低金利政策をやってしまったのだ。
最悪のタイミングだった。

資金調達コストの低下により
多数の企業が土地購入に参入可能となってしまった。

そして、それらの企業の中には、その土地で商売をせず
転売目的で購入する企業が多数あった。

彼らは、その土地で商売することを考えていない。
「土地を買って、高くなったら売ればいい」
そのため、土地の実力を考えずに、買っていく。

そうなると、土地の値段はどんどん上がっていく。
地価がかなり上昇しても、低金利のため資金調達も容易。
「まだまだ上がる！そして転売するぞ！！」とあほな強気…

土地の売買だけで、濡れ手で粟…これがバブル経済。
しかし、実力以上の地価がいつまでも続くはずがない。

**14章
レーガン**

売り抜けることしか考えてないプレイヤーは
売り抜けて、このババ抜きから去っていく。

今度は、実力とかけ離れた土地の値段が急激に戻っていく。
これがバブルの発生と崩壊の過程。

大事なのは、
日本のバブル経済がプラザ合意から始まったということ。
日本経済は国際経済の一部だ。

08 全廃だ！！

ゴルバチョフの書記長就任によって事実上冷戦が終了すると
両陣営は大きく歩み寄る。その象徴がINF全廃条約。

INFというのは中距離核ミサイルのことで
ICBMよりも一回り射程距離の短いもの。

INF全廃条約では、このINFを文字どおり「全廃」した。

この条約は極めて画期的だった。
なぜなら、今までの軍縮条約はすべて数量制限だったが
この条約で決められたのは「全廃」。

１つの兵器を完全になくす。
これこそ
INF全廃条約がそれまでの軍縮条約とはまったく異なる点だ。

15章

ジョージ・H・W・ブッシュ
～戦争大好き～

1989-93 1期4年 共和党

いわゆるパパブッシュ

01 冷戦はヤルタに始まり、マルタに終わる

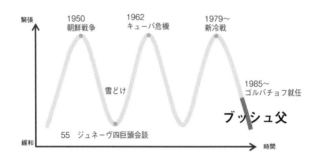

マルタ会談でゴルバチョフは、正式に冷戦の負けを認めた。

これは冷戦が終わったときの写真。
ゴルバチョフが就任した時点で"事実上"冷戦が終わっていた。
だが、形式上はこのマルタ会談で冷戦が終結する。

左手前がゴルバチョフ、右手前がブッシュ（父）

15章
ジョージ・H・W・ブッシュ

02 軍縮は軍縮を必要とする

マルタ会談で正式に冷戦終結が宣言されると
両陣営はさらに軍縮の動きを進める。

これが戦略兵器制限交渉START ⅠとSTART Ⅱ。
START Ⅰ調印の1991年は、皮肉にもソ連崩壊(=end)の年。
START Ⅰというのは、核ミサイルの数を制限した条約だ。

ところが、MIRVの開発が進み、この制限に意味がなくなった。

MIRVとは
ミサイルの1つなのだが、複数の核弾頭を装備し、発射後、
それぞれ違う目標に攻撃ができる多弾頭搭載ミサイルである。

たとえば、
「ミサイルが4本までしか持てない」という制限に対し
この4本のミサイルが打ち上げ後、それぞれ3本にばらける。

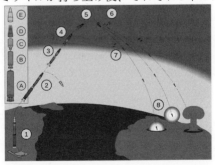

233

これがMIRV（マーブ）。
核ミサイルが空中で分裂して
それぞれの方向に飛んでいく仕組み。

打ち上げの時点では、まとめて1本だから
制限には引っかからないという発想で開発されたものだ。
さっきの例だと、制限の4本は守っているが
実際は空中で3本にばらけるので、事実上12本持っている。

MIRVの開発によってSTART Ⅰは効果を失ってしまった。
このMIRVを規制するために結ばれたのがSTART Ⅱである。

ゆげ：ここで大事なのは、軍縮の後すぐに軍縮があるってこと。
　　　過去にも同じような事例があったけどわかる？
生徒：ワシントン海軍軍縮条約の後のロンドン海軍軍縮条約。
ゆげ：そのとおり！！

一次大戦後、1922年のワシントン海軍軍縮条約では
各国の主力艦（戦艦）の保有比率を設定した。

そこで各国は、制限のかかっていない
補助艦（駆逐艦や潜水艦）の開発に勤しむ。

そのため、1930年のロンドン海軍軍縮条約では
補助艦に制限をかけた。
START Ⅱとロンドン海軍軍縮条約は同じ役割にあたる。

15章
ジョージ・H・W・ブッシュ

03 ブッシュ家と油

クウェートに侵攻したイラクと
アメリカを中心とした多国籍軍が争ったのが湾岸戦争。

この湾岸戦争にはソ連も参戦している。
冷戦が終わり、米ソの関係が良くなっている表れだ。

湾岸戦争に関して
くわしくは下巻の中東のセクションで扱う。

ちなみに、少しだけ伝えておくと
ブッシュ家は米国内外ともに
油と深いかかわりを持つ一族だということだ。

16章

クリントン
〜ヒラリーのひも？〜

1993-2001 2期8年 民主党

パレスチナ解放機構とイスラエルの和平会談を仲介したクリントン大統領

01 大統領を目指した妻

いきなりだが、大統領のほうではなく、その妻の話をしたい。

ビル・クリントンの妻ヒラリーは高学歴の弁護士であり
「最強のファーストレディー」と呼ばれた。
ビル自身も、妻を「最大のアドバイザー」と呼んで
信頼していたと言われている。

通常、ファーストレディーは
ホワイトハウスのイーストウィングにオフィスを持つ。
しかし、ヒラリーは大統領執務室などがある
ウェストウィングにも自分のオフィスを構えた。

彼女は、夫の政権期を通じて閣議に参加し
医療保険制度の改革を主導するなど、政策に実際に関与し
ファーストレディーとしては異例の活躍を見せた。

二人の関係を示す有名なエピソードがある。
夫妻がヒラリーの故郷をドライブしていた時のことだ。

ガソリンスタンドに立ち寄ると
ヒラリーの元彼が働いていた。
ビルは、「あいつと結婚していたら、君は今ごろ
田舎のガソリンスタンドで働いていたかもね」と言った。

それに対してヒラリーの返答は
「いいえ。彼と結婚していたら、彼が大統領になっていたわ。」

16章
クリントン

そんな「最強のファーストレディー」は
ファーストレディーだけでは収まらなかった。

実は、ヒラリーが子どもの頃、
宇宙飛行士になりたいとNASAに手紙を送ったことがあった。
だが、女性の希望者は受け付けていないと返されてしまった。

女性のキャリアを妨げる「ガラスの天井」を感じたヒラリーは
政治家になることを決意した。

そして2016年。
大統領選挙の民主党候補としてヒラリー・クリントンが出馬。
当選すれば、合衆国初の女性大統領だった。

知性の女性ヒラリーに立ちはだかったのは
破天荒なおっさんドナルド・トランプ。

ヒラリーは結局、「ガラスの天井」を破れなかった。

02 軍事技術の恩恵

クリントンの時代、アメリカの経済は好景気を迎える。
好景気になった理由は冷戦が終わったから。

生徒：なんで冷戦が終わると景気が良くなるんですか。
ゆげ：軍事技術から生まれたGPSやインターネットを
　　　民間で使用することを認めたから。

インターネットというのは
冷戦の時につくられた軍事情報システムだ。
特徴は、すべての端末がお互いにつながっていること。

インターネットが出てくる前までの情報システムというのは
伝言ゲームみたいな感じ。
途中で1つでも止まれば、情報は伝わらない。

これに対してインターネットは
「核戦争になって、たとえ中枢がやられても
残っている基地どうしで連携を取れるようにし、反撃する」
という考えのもと開発され、軍事基地に配備された。

冷戦が終わると
このインターネットやミサイル誘導のGPSの技術が
民間に転用されていった。
Windows95の発売もクリントン政権の時代だ。

16章
クリントン

軍事技術の民間転用は非常に多い。
一次大戦中に多用された無線機の
受信部分だけを量産したのがラジオ。

ジャンボジェット機などの大型旅客機も
B29などの大型爆撃機が原型。

コンピュータ自体も弾道やミサイル打ち上げを
コンピュート（計算）するためのものである。

軍事技術は採算を無視した開発が可能なので、
大きく新しい技術を切り拓くことが多く
その後の民間転用により大きな産業に化ける場合が多い。

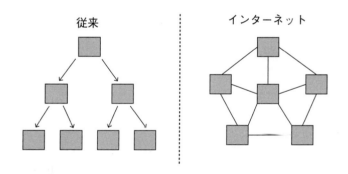

03 環境に関する初の数値目標

それまでの、かけ声だけの地球温暖化対策に対して
1997(平9)年に開かれた京都会議は違った。

京都議定書の歴史的意義は
温室効果ガス削減の具体的な数値目標を設定したことにある。

「日本は1990年の水準から6％削減しなくてはいけない」とか
「目標を達成しなければ罰金」とか。

クリントンはこの京都議定書に調印した。
しかし、産業界の影響がとても強い上院の反対で
批准されなかった。

ちなみに、次の大統領ブッシュ（子）の時には
調印さえも取り消し、アメリカは京都議定書から離脱した。

余談になるが、
国際常識に疎い日本人に欠けている知識の1つが
調印と批准の違いである。

調印はとりあえず、外務大臣や首相が仮約束を結ぶこと。
批准は、その仮約束を国家の主権者が承認すること。
基本、議会の承認だ。
調印した国々が批准すると、その仮約束は本約束となる。

16章
クリントン

日本の場合は、「調印＝批准」だ。
理由は
調印する首相も、批准する衆議院の多数派も同じ政党だから。

これは、議院内閣制だからだ。
衆議院の多数派が首相を選び、内閣を構成する。

だから、政府と議会（国会）の意見が違うことはあり得ない。
ゆえに、調印は知っているが
批准という言葉すら知らない日本人もいる。

一方、アメリカは「調印≠批准」だ。
有名なのは
米大統領ウィルソンが国際連盟の設立を提案したが
当のアメリカは国際連盟に入らなかったという話。
議会（上院）が批准しなかったからだ。

三権分立を徹底しているアメリカでは
議会選挙と大統領選挙は別物。

大統領は民主党で
議会の多数派は共和党なんてのはしょっちゅうなのだ。

17章

ジョージ・W・ブッシュ
～僕も戦争大好き～

2001-09 2期8年 共和党

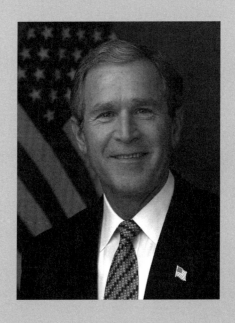

01 最悪の就任祝い

湾岸戦争に介入したブッシュ（父）の息子がブッシュ（子）。
彼はアフガニスタンに侵攻したり、イラクと戦争をしたりと
親譲りなのか、かなり好戦的。

ブッシュ大統領が就任した年に9・11が発生する。
このテロでは
世界貿易センタービルや国防総省本庁舎（ペンタゴン）に
ハイジャックされた航空機が突っ込んだ。

パール＝ハーバー以来のアメリカへの直接攻撃に
米国民は恐怖し、防御反応としての攻撃に出た。

9・11テロの首謀者であるとされるビン＝ラディン。
彼をかくまうアフガニスタンのタリバーン政権を攻撃。

また、イラクに関しては
フセインが大量破壊兵器を保有している疑いがあるとして
アメリカはイラク戦争を開始。

アメリカも大量破壊兵器を持っているし
イラクに大量破壊兵器をあげたのもアメリカなんですが…
これらについて
くわしくは下巻の中東のセクションで取り扱う。

18章

オバマ
〜核と医療貧困をなくしたい〜

2009-17 2期8年 民主党

「核なき世界」を唱えたオバマは
ノーベル平和賞を受賞

01 初めて核抑止力を否定

アメリカ史上初のアフリカ系アメリカ人大統領がオバマ。
画期的なのは黒人の大統領ということだけではない。

オバマはプラハ演説で核廃絶を訴えた。

歴代のアメリカ大統領は核には抑止力があると考えていた。
「核の破壊力と均衡は、戦争を不可能とする。
ゆえに核は平和をもたらす。」

これをオバマは否定した。

具体的な核削減を積極的に進めなかったという批判もあるが、
初めて米大統領によって核抑止力が否定されたということは
やはり特筆に値する。
オバマはノーベル平和賞を受賞した。

そして、オバマは
現職のアメリカ大統領として、初めて広島を訪れた。

18章
オバマ

02 みんなが病院に行ける社会へ

多くの国で採用されている公的医療保険。
これは基本的に強制加入だ。社会保険のことだ。

だが、アメリカではこういった国民皆保険制度がなく
自由診療が基本であった。

そのため、骨折による1日入院で約180万円、
貧血による2日入院で約240万円もの
大金が請求されることもあった。

そのあまりに高額な医療費は
アメリカ国民の自己破産理由の6割をも占めていた。
保険に入れない貧困層は病気を我慢し、重症化する。

貧困層はネットを通じて団結して、選挙に行った。
そして、初の黒人大統領を誕生させ
公的医療保険制度をつくらせた。通称「オバマケア」だ。

自由の国アメリカで、医療保険への加入を義務づけた。
そして、そのオバマケアの導入は、アメリカ国内を二分した。

フロンティアスピリッツや自立・自律の考えが強い
農村地帯やWASPらは
建国の理念である自由主義に反すると主張している。

やはり、歴史的に見て、アメリカでの社会保険制度は難しい。
理由は、国民が多数死ぬような戦争をしていないからだ。

ヨーロッパが福祉先進国なのは
二度の大戦で、高い共同体意識を必要としたからだ。
二度の総力戦は、自由主義国家を社会主義国家に変えた。

基本的に、税と社会保険料が大きい国は
所得再分配を行うため平等である。
所得のうち、税と社会保険料の負担率を以下に比較する。

二度の大戦を経験したヨーロッパは50％、
太平洋戦争を経験した日本は30％、
戦争をやりまくるが、ほとんど死んでない米国は20％。

オバマはこの負担率を上げることを試みたが
反対意見が強い。

国民皆保険制度は、国民皆の同意が必要である。
それは自国を戦場とした総力戦を、
大規模な国民動員を経験しないと無理である。

余談であるが、世界で最初に国民皆保険制度を導入したのは
明治時代のドイツ帝国である。

当時のドイツは
正面のフランスと後方のロシアとの二正面作戦を要求され
大規模な徴兵制度を有していたのだ。

19章

トランプ
〜破天荒な大富豪〜

2017-現在　共和党

01 誰もが建前に疲れている

「ポリティカル・コレクトネス」という言葉がある。
これは政治や社会の中で公平な言葉を使おうというものだ。

日本でも、いつごろからか、看護婦は看護師に
スチュワーデスはキャビンアテンダントになった。

日本ではそんなものだが
多民族国家アメリカではより言葉の制限が多い。

たとえば「メリークリスマス」。
これは公的な場ではふさわしくない言葉となった。

多民族国家アメリカには、イスラム教、仏教、ヒンズー教など
多くの非キリスト教徒が存在する。

彼らへの公平性に欠けるという観点から
「メリークリスマス」は「ハッピーホリデー」となった。

このポリティカル・コレクトネスに
真っ向から反対したのがトランプだった。

彼は性差別や民族差別とも取れる発言を繰り返し
多くの知識人を敵に回したが、結果的に勝利した。

19章
トランプ

古き良きアメリカを代表する俳優・映画監督の
クリント・イーストウッドは「誰もが建前に疲れている」と
トランプを評価した。

ポリティカル・コレクトネスへの不満も
トランプ勝利の一因と言われている。

戦後のアメリカ史は以上で終了。

戦後西ヨーロッパ史

戦後イギリス史

01 総力戦は人々を平等にする

ナチス＝ドイツが打倒されて2ヶ月後の1945年7月。
イギリス本国では、総選挙が行われていた。

一方、首相チャーチルはのん気に、ベルリン郊外で開催される
ポツダム会談に出席していた。

選挙のことなどどこ吹く風。
ドイツに要求する賠償金や対日降伏勧告について
アメリカやソ連と話し合っていた。

チャーチルには、選挙で負けるわけがないという自信があった。

「WWⅡを指導し、イギリスを勝利に導いたのは
ほかでもないこの俺だ！
国民は俺を支持するに違いない！」

ところが、選挙の結果は
右派保守党の惨敗。
左派労働党の大勝。

これにより
保守党党首チャーチルは野に下ることになった。
ポツダム会談の途中であるにもかかわらず
チャーチルは英国首相でなくなった。

20章
戦後イギリス史

チャーチルが選挙に負けた理由は、二次大戦、
つまり総力戦によって国民の共同体意識が高まったからだ。

WW Ⅱ は総力戦であった。
兵士を大規模に動員し、士気を高揚させ、また覚悟を持たせて
戦場に送り続けなくてはならない。

父と、夫と、息子が死地へと赴き
母と、妻と、幼子が残された。

総力戦は国民の共同体意識を高める。
日々の配給制度により、皆、同じものを喰う。
日々、防空訓練を行い、皆、同じような格好をする。

そのため、各国はより平等を重んじる社会主義へ傾いた。

イギリスでは左派の労働党が第一党に
日本でも社会党が
フランスに至ってはより左派的な共産党が第一党となった。

02 株主から企業を取り上げろ！

保守党に勝ち、与党となった労働党のアトリーは
重要産業の国有化を行った。

目的は２つ。

１つ目、国有化による雇用の安定。

国有企業になれば、そこで働く人は公務員になる。
民間企業の従業員と違って、公務員は簡単にクビにできない。
労働党の支持基盤である労働者層は、職の安定を求めていた。

２つ目、国有化による企業利益の分配。

民間企業において
企業利益は株主への配当金に充てられる。
国有企業であれば
この企業利益を国民に広く分配することができる。

しかし、当然ながら産業の国有化には
資本家からの強い反発が起こった。
私的所有権や経済活動の自由が失われると考えたからだ。

それでも、アトリーは巨大企業を株主から取り上げた。
労働者のための労働党であるからだ。

03 ゆりかごから墓場まで

イギリス労働党が目指した手厚い社会保障制度は
「ゆりかごから墓場まで」と称された。

実際は「ゆりかごから」ではなく
子宮の中から国の保障を享受できた。
母子手帳が配られ、健康診断も国費で受けられる。

子どもが生まれたら児童手当を受けて
公立学校に通わせれば、教育費もかからない。

もちろん、大人になれば
たくさんの税金を払わなくてはならないが
老人になれば年金が支給される。

国家・社会が個人の人生を保障する。
これが「ゆりかごから墓場まで」。

先進7か国、通称G7において
社会保障が最も充実しているのがイギリス。
イギリスでは、現在も国立病院においては医療費無料である。

04 植民地を捨てた。
いや、捨ててない

アトリー内閣は労働党政権なので
植民地には興味がなかった。

植民地とは市場・原料供給地および資本の投下先であり
これを保持することによって利益を得られるのは資本家側。
基本的に、労働者たちが恩恵を受けるわけではない。

ゆえに、アトリーはイギリス最大の植民地であった
インド・パキスタンの独立を認めた。
また、他の英国植民地も話し合いによって穏健的に独立させた。

この決断は大正解だった。

たとえば、フランスやオランダは植民地維持にこだわり
熾烈な独立戦争の鎮圧に、人命も費用も失った。

それだけでなく、植民地に展開していた
プランテーションや鉄道なども失ってしまった。

一方、上述どおり、イギリスは穏健的に植民地の独立を認めた。
結果、その後も旧植民地諸国と良好な経済関係を保てた。

イギリスがユーロではなく、自国のポンドを使い続けるのは
旧植民地諸国との関係が現在まで続いているからである。

20章
戦後イギリス史

05 交渉で香港は維持する

1949(昭24)年に中華人民共和国が建国されると
イギリスは即座に中国共産党政権を承認した。

もちろん、労働党アトリー政権が
中国共産党と同じく左派的という理由もある。
しかし、それだけではない。

先述したインドやパキスタンの場合と目的は同じで、
イギリスは中国の機嫌を取ることによって
香港を維持したかったのだ。

アヘンで国を侵した外敵を追い出すのは
中華人民共和国の国是。
実際、中国政府は上海に展開していた外国企業を没収した。
イギリス企業も、もちろん没収から逃れられず、大損を被った。

にもかかわらず、イギリスは中国の新政権を承認した。
これは資本主義陣営の中でずば抜けて早い承認だった。

そして、その結果、中国は英領香港へ侵攻しなかった。

06 老獪、再び権力を狙う

イギリスを勝利に導いたチャーチルだが
選挙ではアトリーに負けた。
平和の時代は戦争屋を必要としなかったのだ。

しかしチャーチルは、権力の座をあきらめなかった。
彼は、次のように算段していたと言われている。

「東西の緊張が高まれば、いずれは戦争が起きる。
国民はWWⅡを勝利に導いた俺を呼び戻すだろう。
よし、ここは得意の演説でも一発かまして
東西対立を煽ってやるか…」

チャーチルの鉄のカーテン演説によって、深まる東西の対立。
演説の火の粉は、遠く朝鮮半島にまで降りかかり
それが、朝鮮戦争につながった。

日本の植民地支配から解放された朝鮮半島だが、
南部にある資本主義体制の大韓民国、
北部にある社会主義体制の朝鮮民主主義人民共和国
に分割された。

この二国の対立を東西両陣営が煽り
1950(昭25)年、
民族内戦へと発展してしまった。

20章
戦後イギリス史

アメリカを主体とする国連軍は、大韓民国を支援するべく
イギリスにも参戦を要求。
これにより、イギリスはまたも戦時に入った。

この時局に、イギリス国民は再び戦争屋チャーチルを求め
第二次チャーチル内閣の成立に至った。
まさに老獪と呼ぶべき計算力かもしれない。

そして、さらなる東西緊張は
第三次世界大戦を引き起こすとも議論された。

これに備えるべくイギリスは、1952年に核実験を成功させる。
イギリスはチャーチルの時代に、アメリカ・ソ連に続き
世界で3番目の核保有国となった。

07 さすがにこれだけは手放せない

チャーチルの後継者イーデン。
もちろんだが、チャーチルと同じく保守党政権であった。
保守党は右派。支持基盤は資本家と地主層である。

1955(昭30)年の
ジュネーヴ四巨頭会談に参加したイーデン。
この四巨頭会談の開催は、東西冷戦の雪どけを意味した。
また、同年のアジア＝アフリカ会議に対抗する目的もあった。

アジア＝アフリカ会議翌年の1956年、
そのアジアとアフリカにまたがる国家エジプトが
イーデンに挑んだ。
エジプト大統領ナセルによる、スエズ運河国有化宣言である。

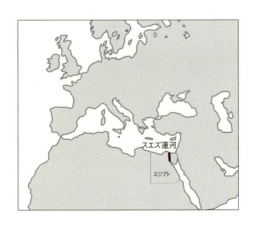

20章
戦後イギリス史

同年、これをきっかけにエジプト vs 英・仏・イスラエルの
第二次中東戦争、別名スエズ動乱が勃発した。
その経緯を以下に説明する。

エジプトはもともと、イギリスの植民地であった。
戦間期に名目上独立したが、当時のエジプト王朝は
いまだイギリスのコントロール下にあった。

ところがその王朝は、ナセル主導の自由将校団が起こした
エジプト革命で打倒された。

そして、ナセル率いる新生エジプト共和国は
スエズ運河の国有化を宣言した。

スエズ運河株式会社の筆頭株主はイギリス政府で
株式の44.4%をも保有していた。
そして、フランスの銀行団がそれに次ぐ。

つまり
エジプトにあるスエズ運河は、英仏のものだった。
運河から得られる莫大な通行料収入は、英仏のものだった。

しかし、ナセルは言った。

> 「スエズ運河は私的所有権の観点からすれば
> 確かに英仏のものである。
> しかし、このスエズ運河はエジプトの大地を流れ
> その運河を掘ったのはエジプトの人民である。
> ゆえに本日から、エジプト政府の所有とする。」

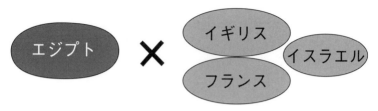

当然、保守党のイーデンは黙っていなかった。

資本家と地主層を後ろ盾とし
私的所有権を重んじる保守党は
エジプトの独断を許さなかった。

イーデンはフランス、イスラエルとエジプト侵攻を協議した。
フランスも同じく運河の株主であり
イスラエルに至っては、国土をめぐる第一次中東戦争以来、
エジプトとは因縁の仲である。

こうして、イスラエルの戦車部隊が
アジアとアフリカのつなぎ目であるシナイ半島に侵攻した。
英仏のパラシュート部隊もエジプトの港町に降り立った。

世界が注目するスエズ動乱が始まったのである。

この第二次中東戦争の詳細は下巻で解説する。
ここでは、まずアメリカとの関係に焦点をあてる。

結果から言うと、英仏はスエズ運河を回復できなかった。
理由の１つに、運河侵攻について
アメリカの了解を得られなかったことが挙げられる。

20章
戦後イギリス史

ゆげ塾著『中国とアラブがわかる世界史』より

「我がアメリカの了解もなしに
なに、NATOの兵器を使ってんの？」

第二次中東戦争の勃発した1956年は
アメリカ大統領選挙の年だった。

「選挙のお邪魔になるだろう」と考えたイギリスは
第二次中東戦争についてアメリカに相談しなかった。

しかし、これが逆にアイゼンハウアーを怒らせてしまった。

イギリスは二度の大戦で
アメリカから金を借りまくり、武器を分けてもらって
支えてもらっていた。
つまり、逆らえない関係にあったのだ。

そのアメリカを怒らせ
かつ国際世論も敵に回してしまい
さらにはソ連の本格的な介入の恐れもあった。

戦局は英仏イスラエル連合軍優勢であったが
もはや撤退するしかなかった。

その結果、敗戦の責任を取るため、イーデン首相は辞任した。

20章
戦後イギリス史

08 頭を下げたが、入れてもらえず

スエズ運河を失っても、大英帝国のプライドはまだあった。

一方、フランスと西ドイツは現実を見ていた。
ヨーロッパは平和と復権のために、一つになるべき…
こうして、EEC（欧州経済共同体）が設立された。

EECは、共同体内の関税を取り払い、市場を統一。
こうして、国際競争力を持つ巨大企業が成長していった。
EECは後述するが、のちにEUへと発展する。

しかし、このヨーロッパの「一つ化」をイギリスは邪魔した。
EECに対抗しようと、自国を中心とする
EFTA（ヨーロッパ自由貿易連合）を別展開した。

「大英帝国」はフランス、西ドイツと
対等になるつもりはなかった。
政治的にも、親アメリカでヨーロッパ統一に無関心だった。

だが、工業・農業のバランスがよいEECが躍進する一方、
英国主導のEFTAは人口も少なく、工業偏重のため
その運営は困難であった。

日に日に衰えていく、自国経済を目の前に
イギリスは覚悟を決めた。

「ごめんなさい。今さらなのですが
あの…ウチも EEC に入れてください…」

100年前には7つの海を支配し
「世界の工場」、「世界の銀行」と謳われた
あの大英帝国が深く頭を垂れたのだ。

ところが、フランス大統領ド＝ゴールの答えは…「NON」

「NON、NON、NON！
悪いけど、イギリスさんは EEC に入れない。
我々は欧州復権を目指している。
アメリカの傀儡を入れる気はないね…」

プライドを捨て、頭を下げたのに
またも、プライドを傷つけられた元大英帝国…

この状況に、歯ぎしりするひとりの若き女性議員がいた。
マーガレットという名に似合わぬタフさを持ったこの女は
この頃から権力への階段を駆け足で上っていく。

のちに「鉄の女」として
世界にその名をとどろかせることとなる彼女の話は
また後ほど。

20章
戦後イギリス史

09 撤兵、撤兵、また撤兵

ヨーロッパ外においても
イギリスの斜陽は続いた。

紅海の要衝アデンの独立を許し
東南アジアに置いていた英軍基地も撤収との決断に至った。

これらの地域の英軍撤退によって独立を果たしたのが
アブダビやドバイを中心とするアラブ首長国連邦である。

工業の面においても
「高度経済成長」の日本や「奇跡の復興」のドイツに
イギリスは追い抜かれてしまった。

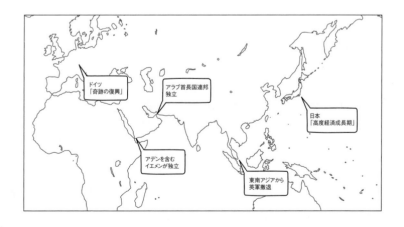

10 イギリス病

イギリスの工業力が衰えた原因は
イギリス人全体が働かなくなっていたことにあった。
これを「イギリス病」と呼ぶ。

戦後、「ゆりかごから墓場まで」をキャッチフレーズに
社会保障を進めてきたイギリス。

だが、手厚い保障は国民の勤労意欲を低下させた。

手厚い保障の財源確保のため
税は高率化の一途をたどったのだ。
結果、労働者は高い税金を目の前に、働く気を失ってしまった。

やる気のない労働者はやる気のない製品を作り
イギリスの市場は日独製に奪われていった。

イギリスは「ヨーロッパの病人」と呼ばれるほどに
弱り切ってしまったのだ。

そんな中、ついに権力の階段を上り詰めたのが
鉄の女、マーガレット＝サッチャーである。
1979(昭54)年、ここに英国初の女性首相が誕生した。

11 治療薬は競争原理

鉄の女は
「自助努力」「大きな政府から小さな政府へ」
のスローガンを掲げ、イギリス病の治療に着手した。

サッチャーはまず、国営企業を民営化した。
アトリー政権と逆のことをやった。
つまり、福祉国家路線をやめたのだ。

また、単に民営化を進めただけでなく
外国企業にもイギリス市場を開いた。
市場開放は競争を活発化させ、それにより物価も下がった。

結果、福祉や教育などの公共部門への支出が大幅に減少し
イギリスは財政の黒字化に成功した。

ところが、サッチャリズムには大きな副作用があった。
失業である。

確かに、サッチャーの改革のおかげでイギリス病は克服された。
民営化によって財政は回復し、人々は働くようになった。

しかし、一方で働けない人も出てきた。

民間企業と国営企業は違う。
国営企業はつぶれない。
赤字は税金で補填されるからだ。

一方、民間企業はつぶれる。
民間企業は利益を出さなくてはならないからだ。

民営化された企業は
利益を最大化させるために、労働者をクビにするようになった。
結果、失業者が街にあふれた。

鉄の女は、それでいいと考えた。
自助努力がなければ、職を失うのは当然と。
鉄の女は新自由主義の先頭に立った。

12 サッチャーと同じことをした中曽根

サッチャーと同時期、日米はレーガンと中曽根政権の時代。
三者はともに、経済思想は古典派、新自由主義者であった。

この右の三者と左のソ連との大きな距離が
新冷戦だと考えてよい。

中曽根はサッチャーと同じことをした。
中曽根政権は国営企業を次々に民営化した。
国鉄はJRに、電電公社はNTT、日本専売公社はJTになった。

各公社は株式会社化され、その株が売却された。
利益を求める株主は、事業改革に取り組んだ。

国鉄時代に閉鎖されたトンネルは
JRではシイタケ栽培所に変わった。
駅のトイレもきれいになった。

また、競争にさらされるようになった。

たとえば、電電公社は国内通信市場の独占が許されていたが
NTTになると、複数の企業が市場に参入してきた。
現在だと、ドコモ、ソフトバンク、auが競い合っている。

13 何もない島を奪還した鉄の女

鉄の女、サッチャーは唱えた。「競争しなさい」と。

競争は勝者と敗者を生む。
勝者は見下し、敗者はねたむ。
当時、イギリスは分裂していた。

そんなときに、何もない小さな島々で戦いが起きた。
アルゼンチン名はマルビナス諸島、英語名フォークランド諸島。

英領フォークランド諸島は南極に近いため
通年冷たい雨が降り注ぎ、そのために樹木が育たない。
植物といえばペンペン草しか生えず、産業は牧羊だけ。

20章
戦後イギリス史

曇り空の下、羊が震えながらペンペン草を食む
この島の人口は2000人程度で
そこを守る英軍は100名もなかった。

そこにアルゼンチン兵士4000名が突如、上陸した。
圧倒的な兵力差のため、本格的な戦闘は行われなかった。
死者は数名にとどまり、アルゼンチン軍は島の占領に成功した。

この事件に対し、鉄の女は国民にこう言った。

「たとえ、どんなに小さな島だろうと、
ユニオンジャックに忠誠を誓う英国民が
そこに一人でもいる限り
ユニオンジャックは裏切らない。」

割れていたイギリスが一つになった。

サッチャーはフォークランド諸島奪還のため
大規模な空母部隊と、上陸部隊を派遣した。
その数、将兵合わせて3万。
アルゼンチン側も1万5千でこれを迎え撃った。

それも数だけではなく、互いに最新兵器を投入した。
イギリスは垂直離陸機ハリアー、
アルゼンチンは対艦ミサイル、フランス製エグゾセ。

戦闘は陸でも、海でも、空でも行われた。
死傷者の数は両軍合わせて3000名に上った。
それもただ、冷たい雨しか降らない島をめぐって。

このフォークランド紛争は
最終的にサッチャーが勝利した。

ところで、なぜアルゼンチンはこの島を占領したのか？

当時、アルゼンチンは深刻な国内問題を抱えていた。
左派・右派の衝突が激しく、3万人以上が死んでいた。

そのため、過去に係争があったフォークランドを占領し
イギリスと対立することで、国民の心を一つにまとめたい…
これが同島侵攻の意図だったと言われている。

アルゼンチンは高をくくっていたのだ。
こんな小さな島をめぐって
戦争が起こるわけがないだろう…と。

だが、それは見通しが甘過ぎた。なぜならば
イギリス政府も国民団結のために戦争を欲していたのだから。

この戦争からは、以下のことが学べる。
・戦略的に重要性のない場所をめぐってでも、戦争は起きる。
・ほとんど対立関係にない二国であっても
　小さな衝突が戦争を招く。

前者は説明済みのため、以下に後者を説明する。

対立関係はほとんどないどころか
イギリスとアルゼンチンはどちらも
資本主義陣営に属す仲間だった。

20章
戦後イギリス史

しかも、この紛争が起きた80年代前半は、新冷戦の時期。
東西陣営は最後のにらみ合いをやっていた。そんな状況下で
イギリスとアルゼンチンは同じ陣営内で仲間割れをした。

つまり
どちらもアメリカの友好国であり、対外的緊張もないのに
それほど価値のない島を奪い合うために戦争をしたのだ。

これは、日本と韓国の関係に似ていないだろうか。

竹島自体に、大した資源や産業はない。
日本も韓国もアメリカと同盟国。
確かに対外的緊張はあるが、戦争をするほどではない。

しかし、フォークランド紛争を見る限り
竹島をめぐって自衛隊と韓国軍のやり合う日が
やってくるのかもしれない…

14 鉄の女、去る

フォークランド紛争において
ユニオンジャックを守ったサッチャー。
圧倒的な支持率を誇った。

ところが、1990(平2)年、鉄の女は辞任に追い込まれる。

その原因は、サッチャーが導入しようとした人頭税にあった。
人頭税というのは、全国民に対して課す、一定額の税金のこと。

これは具体的にどういうことか。日本を例に単純計算してみる。
日本の中央政府の税収60兆円と、地方政府の税収40兆円。
合計100兆円。

これを人口1億3千万で割る。
すると、税金は一人当たり77万円。
なので、国民は全員一人77万円ずつ払え…これが人頭税。

たとえば
年収1500万円稼ぐ一人暮らしのエリートサラリーマンは
77万円払った後の1423万円を自由に使える。

では、日本で一番厚い所得層である
年収350万円の人々はどうだろう。
とある彼は、奥さんと2人の子どもを養っている。
350万から、77万×4人分＝308万円を税として納める。

手元に残るのは42万円。
4人家族で、毎月3〜4万円で生活…
これでは家賃も払えない…

一般的に、税金は金のあるところから取っている。
収入が高ければ高いほど、国の税金を背負い
収入が低ければ低いほど、税の負荷は軽い。

いわゆる累進課税制度が基本である。

ところが、サッチャーはこれを
きれいに割り勘にしようと言った。

結果、サッチャーは国民の8割から強い反発を受けて
辞任することとなった。

15 労働党なのに戦争を

ブレアの時代に、香港返還が行われた。
香港返還については後述するが
これは保守党サッチャー政権下で、すでに決まっていたこと。

ブレア政権は労働党。
労働党は、植民地を放棄したアトリー政権に見られるように
海外領土にはあまり興味を示さない。

にもかかわらず、ブレア政権はイラク戦争に参加した。

ここで説明すべきことは3つ。

1つ目。
イギリスは基本、アメリカの言いなり。
ゆえに、アメリカの参戦要請に応えた。

2つ目。
社会帝国主義思想をブレア政権が持ち、参戦した。

社会帝国主義とは、植民地を獲得し
その利益を国内の貧困層に分配しましょう、という考え方。

労働党の合い言葉は「ゆりかごから墓場まで」。

つまり、ブレアはイラクを支配して
油をミルクに変えようとした。

20章
戦後イギリス史

最後、3つ目。
イラクは昔、イギリスの植民地だった。
WWⅠでイギリスは、オスマン帝国領のイラクを奪った。

のちにイラクは独立したが
ブレアはイラクでの権益奪還のために
イラク戦争に参加したといえる。

16 全部返して、
全部もらおう

最後に、戦後イギリス史の締めくくりとして
香港返還に触れておく。

香港がイギリスにとって重要な経済拠点であることは
すでに述べたとおり。

ここでは時代を遡って
香港がイギリスに奪われる過程から返還まで
順を追って説明する。

時は1842年、日本では江戸時代の終わり頃。
アヘン戦争に敗れた中国は、イギリスに香港島を割譲した。

割譲とは、相手にあげるという意味で、返す義務はない。
つまり、この時点で香港は「英領」香港になった。

その後、1856年に第二次アヘン戦争が起きる。
これによって、九龍半島南端も割譲され、英領となった。

さらに1898年、イギリスは日清戦争で弱り切った中国から
先ほどの南端以外の九龍半島全域を租借地として借り受けた。
ただし、租借地には割譲地と違って返す義務がある。

**20章
戦後イギリス史**

租借期間は 1898 年からの 99 年間。1898 ＋ 99 ＝ 1997。
つまり、南端以外の九龍半島全域は
1997 年に返還予定だったわけだ。

ところが、返還期限の近づいた 1984 年、
イギリスは交渉を持ちかけた。

「割譲してもらった香港島と九龍半島の南端は
本当なら返す必要はない。けど、返すことにします。
その代わり、香港島と九龍半島全域で 50 年間、
今までと同じようにイギリスの自治を認めてください。」

中国はこれを承認した。

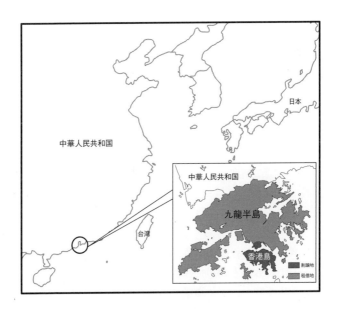

中国には昔から中華思想がある。
中国こそが世界の中心であり、華である…という考え方。

中華思想を表す好例に、かつて中国が行った朝貢貿易がある。
中国は、臣下として貢物を持ってくる周辺諸国には
返礼と称して、頂いた貢物の何十倍もの品物を与えた。
世界の中心は自分たちであるというプライドを満たすために。

イギリスはこの中華思想をうまく利用したのだ。

香港島や九龍半島を返還し中国領とすることで
中国のプライドを満たし、メンツを保たせ
経済的な利益だけはイギリスが享受し続けられるようにした。

これが香港返還協定である。

この交渉により
香港は中華人民共和国領でありながら
50年間の自治を認められた。

そのため、法制度も経済制度も中国本土とは
大きく異なっている。
これを「一国二制度」と呼ぶ。

さて、現在、日本と中国は尖閣諸島をめぐって対立している。

イギリスに倣い、香港のように
領土を中国のものと認めて採掘権だけもらう…
こういうやり方も、1つの手であるかもしれない。

戦後フランス史

01 みんなで話し合おう…第四共和政

1944(昭19)年6月6日、
連合国軍はフランスのノルマンディー海岸に上陸し
ナチス＝ドイツとの戦闘を開始した。

その際に活躍したのが、反ナチズム組織であるレジスタンス。
レジスタンスはドイツ軍の補給線を襲い
アメリカ・イギリス軍に敵情報を教え、勝利に貢献した。

このレジスタンス活動の中心人物の一人は
ロンドンを拠点とした
自由フランス政府の軍人ド＝ゴールだった。

1940年、パリがナチス＝ドイツに占領されても
ド＝ゴールは、なおも敗北を認めなかった。

彼はイギリスに亡命し
BBCのラジオ放送を通じて国民に祖国奪還を訴え続けた。
また、ラジオを通じて、攻撃命令も指示した。

確かに、ド＝ゴールの役割は大きかったが
レジスタンス活動の参加者には
フランスの共産党員もいれば、社会党員もいた。

21章
戦後フランス史

そのため、ドイツを追いやることに成功したフランスでは
レジスタンス活動を支えた各組織が協力して政府をつくった。
これが第四共和政だ。

具体的には、議会でのみなの話し合いを重視した。
ゆえに、権力分散型であった。

これに対し、ド＝ゴールはこう考えた。

「権力は集中すべきだ。
だがこれ以上、権力集中を主張すれば
せっかくまとまったフランスは、割れてしまう。
ならば、私は潔く引退することにしよう。」

英雄の引退を、多くの軍人たちが敬礼で見送った。
しかし、フランスは彼をもう一度呼び寄せることになる。

02 フランス軍、相撃つ？

フランスはイギリスと対照的に
戦後、植民地を手放そうとしなかった。
大戦で荒れ果てた国土の復興を、植民地での収奪に求めた。

こうしてフランスは
独立を求める植民地ヴェトナムやアルジェリアと
戦争状態に陥る。

特に、アルジェリアには
他の植民地とは比べものにならないほどのフランス人が
居住していた。

もっと言えば、フランス人にとって
アルジェリアは植民地という感覚ではない。
それは日本における、沖縄に対する感覚に近い。
「フランス共和国アルジェリア県」のようなものである。

フランスがオスマン帝国からアルジェリアを奪ったのは
江戸後期にあたる1830年のこと。

それから多数のフランス人が移り住み、農民となった。
アルジェリアの人々から土地を奪いながら…

アルジェリアに居住するフランス系の農民は
「コロン」と呼ばれた。

21章
戦後フランス史

土地の奪還に来るアルジェリア人に対し
コロンは武装して対抗した。

時は流れ 1954(昭29)年、
このアルジェリアで、本格的な独立戦争が開始された。

同年、
ヴェトナムの地元民がフランスのディエンビエンフー要塞を
攻め落としたことに勇気づけられたためである。

独立戦争を指揮したのは、アルジェリア民族解放戦線（FLN）。
アルジェリアの独立を求める地元の武装組織だ。

アルジェリアに駐留しているフランス軍とコロンは
FLN の鎮圧を目指した。

当初は「フランスのアルジェリア」をスローガンに
アルジェリア駐留軍の大増強がなされた。

ところが、フランス本国では戦争が長引くにつれ
「結局、またヴェトナムのように鎮圧に失敗するのでは…」
「鎮圧費用が莫大すぎる…」
と、独立容認派が増えていった。

パリの「独立容認」派と現地での「徹底鎮圧」派…
フランスは２つに割れ、大きく対立した。
そして、この対立は最悪の事態にまで発展した。

アルジェリア駐留軍は
フランス本国政府の指示に従わないことを宣言したうえに
フランス本土への侵攻を開始した。クーデターである。

ちなみに、先進５か国（米・英・仏・独・日）の中で
戦後、クーデターが発生したのはフランスだけだ。

アルジェリア駐留軍は、手始めにコルシカ島に
パラシュート部隊を降下させ、占領に成功した。
このまま進めば、フランス軍どうしが大規模に相撃つ…

この事態に対し
権力分散型の第四共和政は対応ができなかった。

ゆえに、フランスはあの男を呼び戻した。

この混乱を収拾し、割れたフランス軍を
元どおり一つにまとめることができるたった一人の男。
それは大戦の英雄、ド＝ゴール。

本国側の軍人も、駐留軍側の軍人も
再度ド＝ゴールに敬礼した。
本国側からも、駐留軍側からも望まれて
ド＝ゴールは大権をもった。

ド＝ゴールはその大権とそのカリスマをもって
軍部の反乱を説得をもって沈静化させた。
そして、最終的にはアルジェリアの独立を容認した。

また、上記大権を制度化したものが
今日のフランス第五共和政である。

議会重視の権力分散タイプの第四共和政と違って
第五共和政は、大統領権限がはるかに大きい権力集中タイプだ。
フランスの大統領権限は、先進国の中では群を抜いて大きい。

第四共和政	第五共和政
議会に権力が集中 大統領の権限　小	議会の権限　小 大統領に権力が集中
決定が遅い	決定が早い

具体的には
・大統領による議会の解散権
・法案などを国民投票に直接かける権利
・非常事態における人権停止条項の発動決定権
などの極めて大きな大権を持っている。

このように絶大な権力を持つことから
第五共和政の大統領は「最後の皇帝」と形容されたりする。

21章
戦後フランス史

03 小麦からミサイルまで

ド＝ゴールは徹底してフランスの自立を目指した。

軍事的にも、経済的にも
他国に依存することのない国家を実現しようとした。
これがド＝ゴール外交である。

ド＝ゴールは振り返った。
二次大戦初戦でドイツに4週間でやられた祖国フランス。
ドーバー海峡を渡り、逃げなくてはいけなかったあの屈辱。

「なぜ、ドイツにこんな惨めな負け方をしたのか。
もっと早い段階でドイツの拡大を止めるべきだった！！」

確かに、ドイツの拡大を止めるチャンスは何度もあった。

ドイツが1935(昭10)年に再軍備したときも
その翌年にラインラントに進駐したときも
条約違反を理由にドイツへ攻め込むことができた。

なのに、なぜフランスはドイツを抑え込まなかったのか…
それは、イギリスがそれを望まず
フランスはそれに追従したから。

イギリスはドイツに甘かった。

295

イギリスはファシズムと共産主義の共倒れをねらって
ナチス＝ドイツに甘々な対応を取っていた。

そしてフランスはイギリスの意思を無視して
ドイツを攻撃することができなかった。

なぜなら、フランスは軍事的にイギリスに依存していたからだ。
1904年に締結した英仏協商によって
フランスはイギリスに守られていた。

帝国主義時代、フランスはドイツとモロッコを奪い合った。
その際、イギリスの支援によって
フランスはモロッコ争奪戦に勝利できた。

一次大戦の時も、パリの手前まで攻めてきたドイツ軍を
イギリスが押し返してくれた。

フランスは自国の安全保障をイギリスに頼り切っていた。
ゆえに、イギリスに追従せざるを得なかった。
そして、フランス第三共和政は滅んだ。

ド＝ゴールは、さらにこう考えた。

「我々は二度と他国に追従するなどという
下手な外交をしたくない。
独自の外交ができるよう大きな軍事力を持つべきだ。」

こうしてフランスは世界で4番目の核保有国となった。

21章
戦後フランス史

フランスは自力のみで自国を防衛するべきだ。
他国に防衛を依存すれば、フリーハンドの外交はできない。
縛られた外交は、再び、フランスを滅ぼす…

フランスが資本主義陣営最大の軍事同盟であったNATOから
脱退したのも、それが理由だ。

どの国にも依存したくない。
だから、武器も自分でつくらなくては…

超高速戦闘機ミラージュも
トビウオの異名を持つ対艦ミサイル、エグゾセも
フランス製である。

たとえ赤字になっても、ジャンボジェット機の会社エアバスに
税金を投入しまくった。
大型旅客機の技術は、大型爆撃機の技術と同じだからだ。

フランスはエネルギーに関しても、他国への依存を嫌っている。
現在、先進国で
最も原子力エネルギーへの依存率が高いのはフランス。

火力に頼れば、石油を中東から買わなくてはならない。
火力に頼れば、中東に大きな影響力を持つアメリカに
追従しなくてはならないからだ。

ゆえに、フランスは自給可能な原子力を選び
原発大国となった。

フランスは、どの国にも頼らずにすむ経済構造や軍事力を持つ。
それを表す言葉が「小麦からミサイルまで」。

WWⅡの反省から、フランスは
食糧から武器まであらゆる物資を自給することを目指した。

さて、上記のことを日本にあてはめてみる。

日本は日米安保条約によって、アメリカに守られている。
日本は軍事面でアメリカに依存している。
したがって、アメリカに追従せざるを得ない。

これはWWⅠやWWⅡ当時、
軍事面でイギリスに依存していたフランスと同じ状況である。

事実、アメリカがイラク戦争を始めたとき
日本はいち早くアメリカ支持を表明した。

「日本を攻撃したいという国（北朝鮮）は
アメリカとも戦わなくてはいけない。
そういうことから、今回のアメリカの戦争を支持します。
これは日本の国益にかなう。」
当時の首相、小泉純一郎が放った言葉だ。

重ねて言うが、自国の防衛を同盟関係で保障する場合、
このように外交が縛られることになる。

21章
戦後フランス史

04 アルジェリア独立

1962(昭37)年、
スイスに近い、フランス東部のエビアン村で
美味しいお水を飲みながら協定が結ばれた。

これにより、アルジェリアの独立が決定した。

それから約半世紀後の2003年、
このエビアンでフランス主催のサミットが開かれた。

この村での開催は
当時イラク戦争に熱中していた
アメリカへのメッセージだった。

「フランスは最重要植民地アルジェリアをここで手放したけど
アメリカはまだ植民地欲しさにイラクを攻めるの？」
という皮肉である。

05 冷戦構造の多極化

1962年のキューバ危機を乗り越え、米ソの緊張が落ち着くと
63年にはPTBT（部分的核実験禁止条約）が結ばれた。
PTBTでは地下以外の実験が禁止された。

アメリカ史のところでも述べたが
これに反発したのが中国とフランスだった。

「我々中国はまだ一回も実験をしていないし
地下実験だけでは十分なデータが取れない。」

「我々フランスは大気圏や水中での実験を
数回しかしていない。
今のデータだけでは地下実験に移行できない。」

フランスと中国は、63年のPTBTは米・ソ・英による
核の独占だと考えた。

「そんなアメリカ、ソ連、イギリスとは仲良くできないよ」
ということで
フランスは中国に接近し、中華人民共和国を承認した。

21章
戦後フランス史

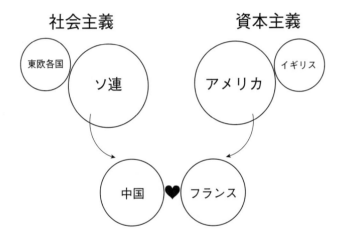

06 英雄
ド=ゴールの退陣

ド=ゴールが目指した単独防衛による大規模な軍拡は
国家の栄光をもたらしただけでなく
国民への重圧にもなった。

1968(昭43)年
学生が労働組合と一緒になって反ド=ゴール運動を起こした。

労働組合の賃上げや待遇改善要求は
シャンゼリゼ通りを埋め尽くし、ゼネストにまで発展した。
これを「5月革命」と呼ぶ。

1968年はスチューデントパワーが炸裂した年だ。
元気のよい学生の一部は武装しはじめた。
パリは再び、革命前夜のような状態になった。

これに対して、ド=ゴールは
「文句があるなら選挙で国民の声を聞いてみよう」
と提案した。
そして選挙の結果は、ド=ゴールの圧勝。

確かに、パリでは多くの学生と労働者が大声を上げていた。

しかし選挙となれば、普段声を上げないヤツらも
投票によって意思を表明する。

21章
戦後フランス史

サイレントマジョリティー（静かな多数派）は
ド＝ゴールを支持した。

勢いに乗ったド＝ゴールは
さらなる改革案を国民投票にかけた。
ところが、これは国民には受け入れてもらえなかった。

そして1969(昭44)年
78歳のド＝ゴールは退陣を選んだ。

確かに、フランス国民は最後、彼にはついていけなかった。
しかし、国民は彼を愛した。

彼の死から4年後、
パリ近郊に大規模な国際空港がつくられた。
国民はその空港を「シャルル＝ド＝ゴール」と名づけた。

07 サッチャーとは違ったミッテラン

ド＝ゴールの大戦略に疲れたフランス国民は
長い、長い「休暇」に入った。
左派的な社会党、ミッテランの長期政権である。

労働者の権利は拡大され
年間の有給休暇も5週間に延長された。
フランス人はバカンスを、いっそう楽しむようになる。

この政策は、今日のフランスにまで影響を与えており
フランスの日曜日はカフェ以外のすべての店が閉まっている。
これを知らない観光客は途方に暮れて、日曜日の街をさまよう。

1980年代といえば、サッチャー・レーガン・中曽根の
新古典派の時代だ。資本主義万歳の時代だ。
一方、フランスはミッテランの左派政権。

21章
戦後フランス史

08 世界の非難を浴びたフランス

1995年に、平和な南の島で大規模な核実験が行われた。
場所は、南太平洋の仏領ムルロア環礁。

フランスは
翌96年のCTBT（包括的核実験禁止条約）の締結に備えて
今のうちに、急ぎ実験のデータを取っておきたかったのだ。

95年は広島・長崎への原爆投下からちょうど50周年だった。

それも相まって、フランスは国際的な非難を浴び
世界中でフランス製品のボイコット運動が起きた。
ワイン業界は大きなダメージを受けた。

当時大学2年生の著者も、フランスへの抗議のため
フランスパンを食べなかった（笑）

09 100%アジア系のフランス大統領

サルコジ大統領（左）とアメリカのブッシュ jr 大統領

2007年、サルコジが大統領に就任した。
見てほしいのはその顔。
彼の母はユダヤ人、父はハンガリー人。
つまり、100%アジア系である。

フランス大統領はフランス国民のトップ。
当然、フランス国民でないと、フランスの大統領にはなれない。

さて、ここで確認したいのは「国民」という概念についてだ。
人は初めから「国民」として生まれてくるわけではない。
人は生まれたあとに「国民」になるのだ。

21章
戦後フランス史

その国に生まれた子どもは
小学校をはじめとする国語教育で国語を話せるようになる。

また、歴史教育によって国の歴史を学び
自分がその国の過去と未来の中間にいることを認識する。
そして、その上で国家に忠誠を誓う。

こうした過程を経て、人は初めて「国民」になる。

ちなみに、サルコジ以前にも、
人種的にはフランス人ではないにもかかわらず
フランス国民になりきり
フランス最大の権力者まで上り詰めた者がいた。

かの有名なナポレオンである。

ナポレオンはイタリア半島の西に位置するコルシカ島出身。
イタリア人だったと言っても過言ではない。

当初、彼はナポレオーネと名乗っていた。
またフランス本土に留学した際は
フランス語の発音がうまくできず、周囲からいじめられもした。

だが、ナポレオンはめげなかった。
フランス語を習得し、フランスの歴史も修め
フランスに忠誠を誓う将校となり
フランス国民のトップにまで上り詰めたのだ。

10 移民の理想と現実

サルコジに話を戻そう。

確かに
サルコジはアジア系でありながらフランス大統領になった。
移民がフランスに同化したことの成功例といえる。

しかし、サルコジのような例は少ない。
ほとんどの移民とその子孫たちは
フランスに同化できていない。

フランスにおいては、
フランス語を話し
フランスの歴史と文化を尊重し
フランスに忠誠を誓う者であれば
フランス国民に誰しもなることができる。

フランスはこの理念のもとに、移民を受け入れてきた。

しかし、正直なところ
移民を安く使いたいという本音もあった。

フランスの労働者は、何度も何度も、革命を繰り返し
投票所に組織的に足を運び、労働者の権利を拡大してきた。

資本主義諸国で、一番最初に
有給休暇制度を導入したのもフランスである。

働かなくなったフランス人に代わって、移民が入ってくる。
やがてフランスは
移民が人口の 10%をも占める移民大国となる。

そして、彼らのほとんどは、フランス国民にはならなかった。

移民の現実は経済移民である。
フランスの共和主義理念や人権思想に共鳴するためでなく
金を稼ぐためにフランスへやってくる。

そもそも、モロッコやアルジェリアで食えない層が
経済的豊かさを求めて、フランスにやってくるのだ。
そもそも、貧しい彼らは、フランスの理想に関心はない。

理想に反して、移民はフランスの歴史や文化を学ばない。
移民街で集団防衛し、同化せず、文化摩擦が生じる。

まだ、移民一世は貧困や文化摩擦に覚悟を持っているが
フランスで生まれ育った移民二世の、その不満は大きい。

移民街で育てば、国民にはなりにくい。
貧しさが教育の機会を、濁ったフランス語が就業の機会を奪う。
その境遇は、ますます、同化どころか、反社会的存在となる。
そして、神の前の平等を説くイスラム国に惹かれ、テロを…

確かに、移民は労働力として安価である。
しかし、文化的摩擦や治安維持なども含めた
トータルコストを考えると、高くつくのだ。

11 移動の自由がある弊害

2012年、仏大統領はサルコジからオランドに代わった。

社会党のオランドはかなり左派的な政治家で
税収を増やすために、金持ちにガンガン税金をかけた。

しかし、これは逆効果となった。
金持ちが国外へ逃げていき、結局、税収は減ってしまったのだ。

現在は、交通・通信の発達で人や会社も簡単に移動ができる。
だがそれと同時に、人にも会社にも税金をかけづらくなる。

特にEU域内では、ヒト・モノ・カネの
移動自由の原則があり、これが課税を困難にしている。

戦後イタリア史

01 イタリアが高級ブランドを生む理由

イタリアには高級ブランドが多い。
アルマーニにグッチにブルガリにプラダ…
挙げていったらキリがない。

高級ブランドが多いのは
イタリアがいまだに地主制国家だからだ。

もともと、イタリアは日本やドイツと同じく
戦士・侍によってつくられた国である。
そして戦士階級は、社会経済的には地主にあたる。

したがって、WWⅡをともに戦った日独伊は
地主制国家の同盟だったと言うこともできる。

ただし、現在も地主制が残っているのはイタリアのみ。
ドイツの地主はソ連にすべて殺され
日本の地主はアメリカ指導による農地改革によって
土地を取り上げられた。

二次大戦の結果について
日独伊をひとまとめに敗戦国だと思っている人は多い。

しかし、イタリア人だけは自国を敗戦国と思わないどころか
戦勝国だとすら思っている。

22章
戦後イタリア史

その理由は、日独伊の中でイタリアだけ
戦争の途中で連合国側に寝返ったから。

WWⅡの中盤、
米軍がシチリア島を占領すると
イタリア軍部はそれまでのトップ、ムッソリーニを逮捕し
その代わりにバドリオ政権を成立させた。

このバドリオ政権はアメリカに降伏しただけでなく
その1か月後、ナチス＝ドイツに対して宣戦布告までした。
アメリカはこれを一定の戦力と見なし、利用した。

結果、イタリアは戦勝国で終戦を迎えた…と解釈している。

つまり、イタリアは、敗戦後の日本やドイツのような
強制的な国家改造を経験していない。
結果、いまだに大土地所有制度を残している。

会社が倒産することはあるが、土地は簡単になくならない。
個々の企業環境が劇的に変わることは多々あるが
天変地異が起こらない限り、農業には大きな変化は生まれない。

ゆえに、地主の家系は代々遊び、贅沢ができる。
その贅沢の繰り返しが、高級ブランドの数々を生み出した。

一方、地主が贅沢するということは
搾取される者もいるということ。

共産主義を支持する者の多くは、貧しい小作人や労働者だ。
冷戦期において、イタリア共産党は西欧最大であった。

今もイタリア国内に米軍基地が存在するのは
イタリアの地主連中が共産革命を恐れ
アメリカに保護を求めたからである。

ここらへんは、ギリシア・トルコの米軍基地と理屈は同じだ。

23章

戦後スペイン史

01 太陽と地主の国

スペインは
レコンキスタ（国土回復運動）によってできた国だ。

レコンキスタとは、キリスト教勢力による再征服運動のこと。
イスラム教徒に奪われた土地の奪還を目指して
8世紀に始まり、1492年に完成した。

レコンキスタは、王・戦士・教会を中心に行われた。
彼らは社会経済的に地主である。
スペインは地主制国家になった。

その地主制の根強さは、二次大戦前後の事情を見ても明らかだ。

時は1936(昭11)年。二次大戦開始の3年前のことである。

地主制国家だったスペインも、ロシア革命の影響を受け
国内選挙では人民戦線側が勝利し
左派政権が成立した。

やっと、搾取し続けられていた
小作人と労働者たちが解放される。
民衆は自由の気風に吹かれながら、喜んだ。

しかし、歴史と伝統の呪縛はそう簡単に解けない。
地主出身者が多い軍部が左派政権に対し反乱を起こした。

23章
戦後スペイン史

反乱軍のリーダーは軍人フランコ。
わずか3年でソ連が支援する親労働者の政府軍を打ち負かし
その後、3万人の左派残党を処刑する
恐怖政治を行った。

そのフランコ独裁政権は
彼が死ぬ1975(昭50)年まで続いた。

フランコ死亡後も、地主制維持のために
スペイン＝ブルボン朝を復活させ、今日にまで至る。

この王朝は
太陽王と呼ばれたフランス国王ルイ14世の末裔にあたる。

現在も、大土地所有制度が維持されているため、失業率は高い。
農業の機械化などが進むと
すぐに農村から小作人や農業労働者が追い出されるからだ。

また、独裁者フランコが革命を恐れて
教育水準を下げたことにより、工業化も難しく
これも失業率を上げる要素となっている。

スペインの白昼は陽の朗らかさで有名だが
それに照らされている土地には、黒い影がある。

24章

戦後ドイツ史

01 分断後の西ドイツ

ドイツは1948(昭23)年のベルリン封鎖により
東西に分断されることになった。

米国の占領と指導のもと、建国されたのが西ドイツ。
正式名称はドイツ連邦共和国。

その初代首相のアデナウアーは日本の吉田茂とよく似ている。
どちらもアメリカの影響を極めて強く受けていた。

アデナウアーが所属していたのは、右派のキリスト教民主同盟。
基本、キリスト教系の政党は保守勢力。

そして、キリスト教民主同盟は
日本の自民党と同じと考えてもらってよい。

1953年にスターリンが死亡して、雪どけの気運が高まると
55年に西ドイツはソ連との国交を回復した。

しかし、雪はとけきれていない…

すでに「国際関係史」で見てきたが、以下で復習する。

1954年のヴェトナムで
民族独立を目指すホー＝チ＝ミン率いる共産勢力と
事実上の植民地維持を目指すフランスの死闘が展開された。

24章
戦後ドイツ史

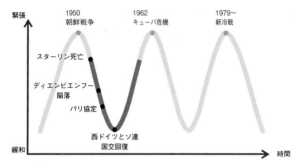

そして55日間続いた人海戦術により
フランス軍の大要塞ディエンビエンフーは陥落した。

それを見たアメリカは、この共産勢力を抑え込むために
ヴェトナムに近いフィリピン基地の兵力増強を企図した。
また、その兵力を西ドイツの米軍基地から引き抜いた。

共産主義のドミノ最前線である西ドイツから
駐留していたアメリカ兵がいなくなれば
東ドイツから共産主義勢力が侵攻してくる恐れがあった。

ゆえに、アメリカは西ドイツに再軍備させた。

その際、フランスにお伺いを立てた。
ドイツとフランスは、長年にわたって戦争してきたからだ。
これがパリ協定。

西ドイツは徴兵制を開始し、兵隊にやる気を持たせるため
国家としての独立を回復して、NATOに加盟した。

これとまったく同じケースが、朝鮮戦争による日本の再軍備。

321

02 傷口を壁でふさぐ

1963 (昭38) 年まで、首相の座についていたアデナウアー。
その末期の61年に事態は緊迫した。
ベルリンの壁の構築である。1948年のベルリン封鎖とは別物。

突如、東ドイツが東西ベルリン間の道をすべて遮断し
西ベルリンを囲むように壁を建設したのだ。

ベルリンの壁が構築される以前、
西ドイツの飛び地である西ベルリンと
東ドイツ領である東ベルリン間の往来は自由だった。

ところが、往来の自由を許していた結果、
東ドイツから亡命者が相次いだ。
彼らは西ベルリンを経由して、飛行機で西ドイツに入国した。

24章
戦後ドイツ史

なぜ、東ドイツの人々は西ドイツに亡命したのか？
理由は単純、西ドイツの方が豊かな暮らしができるから。

西ドイツおよび西ベルリンはドミノ最前線であったため
アメリカから手厚い経済支援を受けていた。
「奇跡の経済復興」と呼ばれるまでの経済成長を遂げていた。

東ドイツの人々は
「西ドイツの方が稼げるし、税金も安い！いい生活ができる！
言語も習慣も同じだし、あっちで暮らそう！」と考えたのだ。

東ドイツは頭を抱えた。
この亡命者の多くが、自国の優秀な技術者だったためである。

社会主義国家である東ドイツは教育制度が充実していた。
良質な労働力を育成し
多くの税を負担させることで、その教育コストを回収する。

社会主義国家の国民は教育機会の均等が保障されているのだ。
本来、育てられた優秀な技術者は
東ドイツのために働き、税を納めるべきだった。

ところが、彼らは東ドイツを去っていく…
東ドイツにしてみれば
かなりの教育費を投入して育てた人材を失うことになる。

したがって、これ以上の損失を防ぐために
ベルリンの壁を構築し、往来を厳格な許可制にしたのだ。

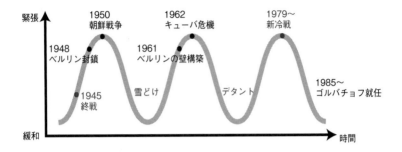

ここで、東西陣営の緊張を図表で復習しよう。
1950年の朝鮮戦争、1962年のキューバ危機で
緊張がピークになっている。

注目すべきは、これらピークの直前に
いずれもベルリンで、対立が起きていたということ。

朝鮮戦争が勃発する直前の48年にはベルリン封鎖が起き
キューバ危機直前の61年にはベルリンの壁がつくられている。

24章
戦後ドイツ史

03 ようやく関係修復

WWⅡ以後、西ドイツでは
キリスト教民主同盟が長年政権を握っていた。

しかし、1966(昭41)年には
左派政党である社会民主党（SPD）が与党の座につき
党首ブラントが首相に就任した。

SPDはドイツの老舗左派政党。支持基盤は労働組合。
19世紀から存在し、弾圧を乗り越えてきた。

ブラントの一番の功績は
東側陣営との関係正常化に尽力したこと。
これを東方外交と呼ぶ。

建国以来、キリスト教民主同盟が指導していた西ドイツは
「西ドイツがドイツ地域での唯一の国家であり
東ドイツと国交を持った国家とは断絶する」
という姿勢を貫いてきた。

しかし、社会民主党が政権を取ると
西ドイツは一転して東側陣営との融和の道を進んだ。

ブラントはポーランドの都ワルシャワを訪れた際に
ナチス＝ドイツに抵抗したユダヤ人の英雄記念碑に向かって
両膝をつき、両手を組み、黙祷を捧げた。

その姿は、ワルシャワのブラント広場に
記念碑となって残されている。

この謝罪は、ブラントの平和への祈りは
ユダヤ人のみならず、東欧のスラブ諸国家に届いたのである。

いや、東欧ばかりか世界中にまで届いた。
東西の緊張緩和（デタント）の追い風となった。

ワルシャワのブラント広場にある記念碑

04 東西ドイツ統合に向けた準備

24章
戦後ドイツ史

さて、東方外交の具体的な内容は2つ。
①西ドイツ=ポーランド条約の締結
②東西ドイツ基本条約の締結

まず、①西ドイツ=ポーランド条約の説明をしよう。

この条約によって、西ドイツとポーランド間の国交が回復した。
また、オーデル=ナイセ線が確定した。

オーデル=ナイセ線とは
二次大戦以後の東ドイツとポーランドの国境線のこと。

二次大戦以前、ドイツとポーランドの国境線は
オーデル=ナイセ線よりずっと東にあった。

ところが、WWⅡでソ連が戦勝国になると
ソ連はこんなことを言い出した。

> 「おい、ポーランドと東ドイツ。
> お前らは俺がつくった政権だよな。
> 我がソ連は西に領土を拡大するから
> ポーランドは西にずれろ。
> 悪いけど、東ドイツはずれた分は我慢してな。」

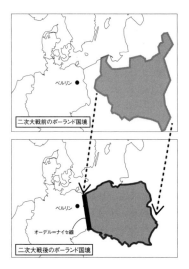

ポーランドという国家は突如、西にスライドさせられた。
こうして、ベルリンぎりぎりのオーデル＝ナイセ線に
新しい国境ができた。

東ドイツの都ベルリンから石を投げれば
ポーランドとの国境フェンスに当たる。
そんな冗談が言われるほどであった。

なぜ、ソ連はこんな無茶を言ったのか？

それは、ソ連が外国勢力の侵攻を恐れていたから。

1812年のナポレオンによるロシア遠征。
1941年のヒトラーによるモスクワ侵攻作戦。
いずれも領内の奥深くまで
フランスやドイツが攻め込んできた。

24章
戦後ドイツ史

ナポレオン軍は食糧・物資の調達を現地での略奪でまかなった。
ナチスは生存圏確立のため、現地住民の大量虐殺を行った。
ゆえに、ソ連は防衛線を少しでも西に進めておきたいと考えた。

その結果が、ポーランドの西へのスライド。
そのスライド先が、オーデル川とナイセ川。

さて、西ドイツ=ポーランド条約では
東ドイツとポーランドの国境線になったオーデル=ナイセ線を
西ドイツが認めた。

将来、西ドイツがポーランドと国境を接することになるとき
すなわち、いつか東西ドイツが統一したときに
両国が国境線のことで揉めないようにする。
それがこの条約の目的であった。

続いて、②東西ドイツ基本条約の説明。

二次大戦以後、東ドイツと西ドイツは
それぞれ自分たちこそがドイツ唯一の国家であると主張し
互いの存在を認めなかった。

この状況を改善したのが、東西ドイツ基本条約。
この条約によって
東西ドイツは互いを国家として承認し合うようになった。

そしてその結果、
東西ドイツは国連同時加盟を果たせた。

05　2つの国家が1つに

80・90年代を通して首相を務め上げたのは
キリスト教民主同盟のコール。

コール時代において特筆すべきことは2つ。
①東西ドイツ統合
②緑の党の勢力拡大

①東西ドイツ統合

1961年に、労働力の流出を防ぐために
建設されたベルリンの壁は、1989年に崩壊し
その翌年には東西ドイツ統合が達成された。

ベルリンの壁が崩壊した理由は、ソ連の指導放棄にあった。
二次大戦後、東欧諸国はソ連の衛星諸国と呼ばれたが
冷戦に負けたソ連は、彼らに
「もう、好きにしていい」と言ったのだ。

結果…
東欧諸国はうまくいかない社会主義政策をやめ、資本主義へ
共産党独裁をやめ、民主主義へと移行していった。

東ドイツも、これにならった。
資本主義・民主主義国家である西ドイツに
吸収されることを望んだのだ。

24章
戦後ドイツ史

そのため、東西ドイツが統合した後のドイツの正式名称は
ドイツ連邦共和国。つまり、西ドイツの国家名。

西ドイツ（＝ドイツ連邦共和国）が東ドイツを吸収したから
国家名も西ドイツを継承したというわけだ。

②緑の党の勢力拡大

もう1つ話しておきたいのは
コールの時代に環境政党である緑の党が勢力を伸ばしたこと。

ドイツは酸性雨の被害が大きいこともあり、環境意識が高い国。
そもそも
ゲルマンは古来、森で狩猟することによって生活を営んでいた。
それゆえに、大自然に対する愛着と親和の気持ちが強い。

たとえばドイツ由来の菓子、バウムクーヘンは
木の切り株をモチーフにしたものだし
ドイツの森林公園は国民のボランティアで手入れされている。
世界で初めて環境保護法を制定したのも、ドイツである。

そして環境政党というのは高い組織性を備えている。
緑の党に入れる有権者は、常に緑の党に入れる。
常にだ。情勢によって支持政党を変えない。

確実な投票により、少数ながら確実に議席を取る。
緑の党は日本でいう、創価学会・公明党と同じポジションだ。

要するに、環境政党はその組織性ゆえに、選挙協力ができる。
また、左右拮抗している状況だと、少ない議席でも
キャスティングボートを握ることができる。

こうした手法で大きな政党と結びつくことで
緑の党は「脱原発」や「二酸化炭素の削減」といった
自分たちの主張を実現していった。

その功も奏して、ドイツは主要8か国の中で
最初に原発ゼロを目指し、行動している国である。

24章
戦後ドイツ史

06　第四帝国の女帝

2005年から現在まで首相を務めるのは
第四帝国の女帝、メルケル。

第一帝国は神聖ローマ帝国（962〜1806）を
第二帝国はドイツ帝国（1871〜1918）を
第三帝国はヒトラー政権（1933〜1945）を指す。

これにならって
現在隆盛を誇るドイツは第四帝国と呼ばれることもある。

現在、ドイツのGDPはアメリカ・中国・日本に次ぎ世界4位。
EU加盟国の中ではトップの経済力を誇る。

このドイツの経済力を支えているのが、自国の優れた工業製品。

ガソリン自動車やディーゼルエンジンの発明者はドイツ人。
ベンツやポルシェ、BMWはドイツの自動車メーカー。

ドイツは二次大戦の以前から、工業大国として名を馳せていた。
エネルギー系が得意で、そもそもエネルギーはドイツ語。
英語ではエナジー（energy）だ。

また、ドイツ経済の発展にはEUも大きく貢献している。

EU域内では関税がなく、共通通貨ユーロを使用する。
そのため、欧州の市場は統合され、競争・淘汰が進んだ。

ドイツ企業は優れた工業製品で
この巨大市場獲得競争を勝ち抜いたのだ。

現在、ドイツの工業製品は欧州の各地域から
富を吸い上げている。

ヨーロッパ統合

01 ヨーロッパの壮大な実験

二度の大戦の舞台となり、荒れ果ててしまったヨーロッパ。
歴史上、幾度となく争ってきた各国はWWⅡを終えると
ヨーロッパ統合に向けて動き出した。

その目的は2つ。

①ヨーロッパの恒久平和のため。
②米ソや日本に対抗するため。

以下、それぞれ説明していく。

25章
ヨーロッパ統合

02 第一の目的 ヨーロッパの恒久平和

ヨーロッパでの争いは、WWⅠに始まるものではない。

特に、フランスとドイツは呆れるほどに戦争を繰り返してきた。

1806年、ナポレオンは強力なフランス国民軍を率いて
プロイセン（後のドイツ）を完膚なきまでに叩きのめした。

そしてプロイセンは、国恥を晴らすべく軍制改革を実現し
1870年の普仏戦争ではより強力な国民軍を率いて
憎きフランス軍の包囲に成功。見事、復讐を果たした。

しかし、リベンジはリベンジを呼ぶ。
復讐の連鎖は容易に断ち切れないもの。
その後も、フランスとドイツはWWⅠやWWⅡで戦い続けた。

どうすれば、ヨーロッパから戦争をなくすことができるのか？
その答えは…

「ヨーロッパが1つの国、
すなわちヨーロッパ合衆国になればいい」
これは、二次大戦直後のイギリスの首相、チャーチルの言葉。

国家どうしの大量殺人を経験したヨーロッパは
国家に対する深い考察と、新たな国家像の模索を始めた。

03 第二の目的 米ソや日本への対抗

二度の大戦で、ヨーロッパは没落した。
敗戦したドイツはもちろん
戦勝国であるイギリスやフランスですら
戦後には植民地と影響力を失っていった。

かつて全世界を支配していた国々の面影は
もはや、どこにも見られない。
二度の大戦は、ヨーロッパを老大国の墓場へと変えてしまった。

一方、
若きアメリカと新生ソ連は、世界を二分する超大国となった。

さらに、日本も高度経済成長で躍進。

過去の栄華を取り戻すため
老大国たちは一つにまとまり、生まれ変わる必要があった。

25章
ヨーロッパ統合

04 ヨーロッパ統合の大きな流れ

現在、ヨーロッパ統合の中心的な役割を果たしているのは
EU（ヨーロッパ連合）。

ただし、EU は WW Ⅱ後すぐにできたわけではない。
EU はそれ自体が設立される以前から
いくつかの段階を踏んで、徐々に形づくられていった。

その経緯は、以下のフローチャートのようになっている。
それでは、ヨーロッパ統合の背景も含め
統合への経緯をくわしく見ていこう。

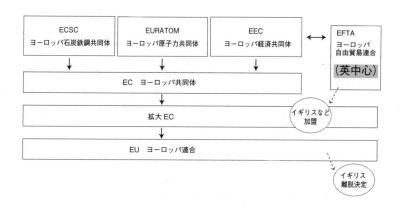

339

05 EUの元の元は 金の分配会議だった

アメリカが1948(昭23)年、
ヨーロッパの経済復興を目的に行ったマーシャルプランは
ヨーロッパ統合の最初の作業となったと言ってよい。

マーシャルプランで欧州各国に金を貸した金持ちアメリカは
「ここに、これだけ金があるから、あとはお前らで分けな」
と言った。

これに対して、ヨーロッパの各国は
「ウチにはこれぐらいの人口がいて
WWⅡではこれぐらいの被害があった。
だから、ウチにこれぐらいくれ！」と言い合った。

その話し合いと分配の執行機関がOEEC（欧州経済協力機構）。
OEECは分配の公平性を期して共通基準を設け
それをもとに各国の損害と状況の数値化に取り組んだ。

当初は
「違う国どうしの損害や状況の比較なんてできるのか？！」
という声が強かった。

ところが、いざやってみると
「あれ？できちゃったね。比較、意外とできるね。
そっか、実はみんな、結構似た制度を使っていたんだね…」

25章
ヨーロッパ統合

このOEECの成功によって、ヨーロッパ各国は
欧州統合は現実的であると考えた。

余談だが、このOEECは発展し
現在では通称「先進国クラブ」
OECD（経済協力開発機構）となった。

OECDの統計データは正確なことで知られている。

なぜ正確かというと、OECDの母体が
マーシャルプランの分配機構であるOEECだからだ。
当時のノウハウが、今日にも活きている。

06 鉄と石炭をめぐって

先述したとおり、ドイツとフランスは戦争を繰り返してきた。
そして独仏の戦争の数々は
アルザス・ロレーヌ地方の奪い合いでもあった。

アルザス・ロレーヌ地方は
ドイツとフランスの国境に位置する
石炭と鉄鉱石資源が豊富な一帯である。

なぜ、アルザス・ロレーヌ地方、
つまり、石炭と鉄鉱石をめぐり戦争が起きるのか…

18世紀以降、人類は産業革命を経て、機械の時代に突入した。
そして機械の時代は、資源争奪を加速させた。

機械を動かすためには燃料、すなわち石炭が必要である。
また、連続して動く機械には耐久性が求められるため
鉄でつくる必要がある。

その燃料も鉄鉱石も、両地方にふんだんにあった。

そのため、普仏戦争から二次大戦の終結まで
アルザス・ロレーヌは独仏の間で
占領と統治が何度も繰り返された。

そのため、国籍が何度も変わった政治家シューマンは
彼の出身地アルザス・ロレーヌについて次のように言った。

25章
ヨーロッパ統合

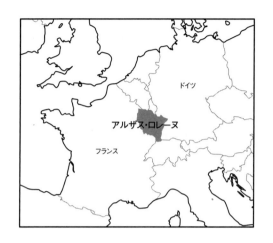

「アルザス・ロレーヌをめぐって争い合うのは
もうやめよう。
それを実現するために
この地域の石炭と鉄鉱石はみなで共有、管理しよう。」

このシューマン宣言をもとにつくられたのが
ECSC（ヨーロッパ石炭鉄鋼共同体）。

これにはフランスと西ドイツだけでなく
ベネルクス三国（ベルギー・ルクセンブルク・オランダ）と
イタリアも加わった。

ベネルクス三国には、ECSC以前から関税同盟を結び
政治的・経済的な協力体制を築いてきたという実績があった。
ECSCはこの実績の上に乗ろうとしたのだ。

一方、イタリアの加盟はバランスを求めてのことだった。
農業のフランス、工業の西ドイツ、
そして地主制国家ゆえに、あり余る労働力のイタリア。

設立当初の加盟国、すなわち、原加盟国はこの6か国。
ヨーロッパの内側に位置するこの6か国を
「インナーシックス」と呼ぶ。

07 電気も製品も国境をまたごう

ECSCの成功により、ヨーロッパ統合の動きは加速していった。
ローマ条約に基づき、1958年に
① EURATOM（ヨーロッパ原子力共同体）
② EEC（ヨーロッパ経済共同体）が設立された。

① EURATOM（ユーラトム）は
原子力エネルギーの管理・開発のための機関。

ヨーロッパは多数の国がひしめき合う地域。
もし原発事故が起きれば、とても一国の問題ではすまされない。
ヨーロッパにおいて、原子力は共同管理が必要なのだ。

また、原子力発電のエネルギー供給量はかなり大きい。
なんと、原発一基で数百万の人口の消費をまかなえる。
そしてドイツもフランスも
その人口と産業は国境沿いに集中している。

送電ロスを考えると、遠くの国内への配電より
近くの外国への配電のほうが効率がよい。
危機管理だけでなく、効率の面でも共同管理が有効であった。

② EEC（ヨーロッパ経済共同体）は
FTA（自由貿易協定）の1つ。
域内関税の撤廃により、自由な市場をつくることを目的とした。

EECが結成されると
加盟国の中で分業体制が構築されるようになり
経済の発展が促進されていった。

たとえば
ジャンボジェット機をつくるエアバス社の
本社はフランスにある。
組み立てはフランスで行われるが
航空エンジンはイギリス製で
胴体・座席部分の部品はドイツでつくられている。

そしてEECの域内関税撤廃によって
エアバス社は初めて上記のような
国境をまたいだ分業制度を完成させたのだ。

さて、この分業体制についてもうちょっと深く話すため
掃除機のダイソンの話をしたい。

現在、世界中に展開しているダイソン。
その高い品質は、高額な研究開発費に支えられている。
その高額な費用は、ダイソンが欧州市場を支配しているから。

違う表現を使おう。

欧州復権のためには、高い競争力を持った会社が必要。
そのためには、ヨーロッパで掃除機メーカーは一社でよい。
この一社に欧州市場の利益を集中し
その利益でスゴイ掃除機を研究開発し、世界と戦っていこう。

25章
ヨーロッパ統合

これが巨大企業ダイソン誕生の理屈だ。
確かに、ダイソンの掃除機は日本でも好評発売中のため
この戦略は成功といえる。

しかし、一方で、失業も増えた。
域内関税の撤廃により、イギリスのダイソン掃除機は
ギリシアでも、スペインでも、関税なしに売れるようになった。

以前は関税で守られていた各国の掃除機メーカーは
ダイソンとの競争に敗れた。

たぶん、パルテノン掃除機とか、フラメンコ掃除機といった
名前の掃除機メーカーがあったかもしれないが
ダイソンに一掃されてしまった。

パルテノン掃除機やフラメンコ掃除機の元従業員は
ダイソンの工場にすべては吸収されない。
つまり、失業者が生じる。

経済の発展とは、つまり分業と効率上昇のことである。
だが、それは同時に多くの人から仕事を奪うことでもある。

確かに、EECはヨーロッパ経済を発展させた。
しかし、それには深刻な失業問題が伴ったのだ。

08 打倒アメリカ に向けて

1967年にはECSC、EURATOM、EECの
3つの共同体の運営がまとめられ
ECという組織に一本化された。

ここで注目するべきは、67年の時点で
イギリスはまだECに加盟していなかったという点だ。
イギリス史での話と被っているところがあるが、復習する。

もともと、イギリスは旧植民地から構成される
イギリス連邦諸国との経済関係を重視していたため
ヨーロッパの統合には無関心だった。

しかし、EEC加盟国の経済が発展していくなか
経済成長から取り残されてしまったイギリスは焦りだした。

そこでイギリスは1960年、EECに対抗するべく
EFTA（ヨーロッパ自由貿易連合）を結成した。

けれども、EECと違って
EFTAは「1つのヨーロッパ」のような
1つの目標に向かって団結する志はなく
政策協議なども行われない、関係がゆるやかな組織だった。

25章
ヨーロッパ統合

またそもそも、EFTA は EEC に比べてバランスが悪かった。
イギリスもスウェーデンもスイスも工業国家だったのだ。

こうした理由から EFTA がうまくいかなくなると
言いだしっぺのイギリスは、一転して EEC に加盟を申請した。

しかし、これは EEC の中心国
フランスの大統領ド＝ゴールに拒絶された。

ド＝ゴールは次のように考えた。

「ヨーロッパが米ソ両大国に
対抗するために一丸となることを目指すのに
アメリカの言いなりである
イギリスを入れていいはずがない。」

それでもイギリスが頭を下げ続け
やっと EEC の後継組織である EC に入れたのが
ド＝ゴール死亡後の 1973 年のこと。

73 年にイギリス、
そしてデンマークとアイルランドが加わると、
EC は「拡大 EC」と呼ばれるようになった。

拡大 EC 加盟国は
インナーシックスの 6 か国に、上記 3 国を足した 9 か国。

EC は、その後も順調に加盟国を増やしていく。
独仏主導のもと、欧州は本当に一つになりつつあったのだ。

09 ECとEUの違い

1993年には、いよいよマーストリヒト条約に基づいて
EUが結成された。

EUというのは、それまでのECとは次元の違う組織である。
それまでのECが、主に経済的な結びつきを重視したのに対し
EUは、政治的なつながりにまで力を入れている。

わかりづらい話だから、アメリカにたとえて考えてみよう。

アメリカ合衆国には50の国（＝州）があり
その国々が主権の一部（通貨発行の権利や外交の権利など）を
中央（＝合衆国政府）に委譲している。

これと同じことが、EUにおいても行われている。
EUでは加盟する各国が主権の一部（主に通貨発行の権利）を
EUという組織に委譲している。

ただし
EUではまだ各国が外交権を委譲するまでには至っておらず
統合の度合いでは、まだまだアメリカの方が断然上。

またご存じのとおり
フランス大使館とドイツ大使館は別々にある。
ということは
フランスとドイツが、別々に外交をしているということ。

25章
ヨーロッパ統合

もし、これが将来的にEU大使館にでもなれば
ヨーロッパはアメリカのように
本当の意味で1つの国家になったと言えるだろう。

また、EUでは政治的なつながりだけではなく
経済的なつながりも、さらに、さらに、強化された。
EU圏内で、共通の通貨ユーロが使われるようになったからだ。

どこの国の製品であってもユーロで取引されるため
取引がとてもスムーズになった。

もし、日本に住むみなさんが
韓国で海苔を買おうと思ったならば、
わざわざウォンに両替しなければならないし
また国内から注文するとしても
取り寄せる際には関税がかかってしまう。

一方EU域内では、フランス産の美味しいワインを
両替や関税を気にすることもなく
現地の値段のままで買うことができる。

10 ポンドのすごさ

イギリスのEU加盟について補足を一点。

実は、イギリスはEU加盟国であったのに
あれほど便利なユーロを導入しなかった。

イギリスが自国通貨のポンドを使い続ける理由は
ポンドの信用性が非常に高いからである。

現在、世界で一番強い通貨はドルであるが
17世紀から一次大戦が始まるまでは
イギリスのポンドがそのポジションにいた。

ポンドが基軸通貨として扱われていた期間は
ざっと300年ほど。
高い信用性は、300年の歴史に裏打ちされているのだ。

また、ポンドは1688年の名誉革命以降、
一度もハイパーインフレを起こしていない。

その安定性と信用力は旧英国植民地地域にも浸透し
彼らは独立後も、旧本国との決済をポンドで行っている。

25章
ヨーロッパ統合

11 イギリスのEU離脱

2016年6月。
国民投票の結果、イギリスのEU離脱が決定した。

イギリスは移民に悩まされた。
EU加盟国は移民受け入れを拒否できないというルールがある。
難民についても、特別な理由がない限り拒否できない。

そして、多くの移民や難民はイギリスを目指す。
理由は、イギリスは福祉先進国だから。
国立病院であれば、無料で医療が受けられる。

それまで、イギリスが島国であったことから
移民が入ってくることは少なかった。
ゆえに、高度福祉国家もつくれたといえる。

しかし、EUに入り
ドーバー海峡の下を、国際列車ユーロスターが走ると
島国ではなくなった。

島国ゆえに
異文化に対してカルチャーショックを受けた結末が
今回の離脱決定といえる。

戦後の西ヨーロッパ史は以上で終了。
上巻の最後は、ソ連と東欧諸国の戦後史を解説する。

IV部

戦後ソ連・東欧史

戦後ソ連史

01 奇妙な法則？

ソ連には「ハゲふさの法則」があるといわれている。
彼らのリーダーはみな、ハゲ・ふさふさ・ハゲ・ふさふさと
交代して就任するといったもの。

たとえば、最初のソ連の指導者レーニンは見事なハゲだが
それに続くスターリンはふさふさ…という具合に。

本章ソ連史では
この「ハゲ・ふさ」たちの軌跡を見ていきたい。

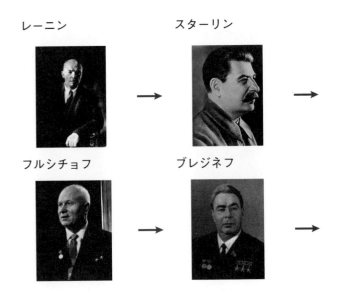

26章
戦後ソ連史

アンドロポフ → チェルネンコ →

ゴルバチョフ → エリツィン →

プーチン → メドヴェージェフ →

プーチン

02 陽気なハゲがアメリカに接近

時は1953(昭28)年。

ソ連では
資本主義諸国に対する不信感いっぱいのスターリンが死に、
アメリカでは
選挙で朝鮮戦争の休戦を訴えたアイゼンハウアーが就任した。

偶然にも重なったこの2つのイベントをきっかけに
東西陣営の雪どけムードが広がっていく。

スターリンの後を継いだのは、ハゲのフルシチョフ。
スターリンが持った書記長という肩書きの独裁色を嫌って
フルシチョフは自らを書記長ではなく、第一書記と名乗った。

肩書きだけではなく、スターリンとは打って変わって
フルシチョフはジュネーヴ四巨頭会談出席や
西ドイツや日本と国交回復をするなど
資本主義諸国に歩み寄っていった。

そんなフルシチョフが、1956(昭31)年の
ソ連共産党第20回大会で
これからの方針についてこう述べた。

26章
戦後ソ連史

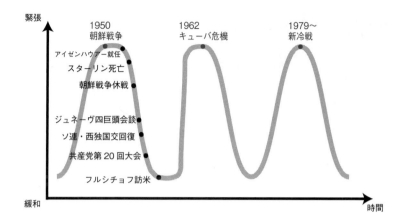

「これからはアメリカとも仲良くやっていこう。
共産党への指示出し組織であるコミンフォルムも解散。
つまり、ソ連は世界革命を目指さない。
資本主義諸国は殲滅の対象ではない。友好の対象だ。」

1959年、フルシチョフはこの演説のとおり
アイゼンハウアーのもとを訪ねた。
これはソ連指導者による初の訪米であった。

アイゼンハウアーとにこやかに談笑するフルシチョフ。
このよく喋る気さくなハゲ親父を、アメリカ国民は歓迎した。

フルシチョフが打ち出した平和共存路線によって
東西両陣営の距離は急速に縮まっていったのだ。

03 仲直りは対立の始まり

フルシチョフの登場により、米ソは雪どけの時代を迎えられた。
だが雪どけは、同時に共産党陣営内の対立を引き起こした。

中国や東欧諸国から、反ソの声が上がったのだ。

中国の「資本主義に歩み寄るとは何事だ！」という反発。
東欧諸国の「私たちも民主主義に移行したい！」という反発。

以降、それぞれの反発の経緯を説明する。

26章
戦後ソ連史

04 こっちは息子が死んでんだ！

中ソ対立の発端は
先述した1956年のソ連共産党第20回大会。
フルシチョフは、ここで西側との平和共存を訴えた。

これに対して、中国共産党トップの毛沢東が怒った。

○「なんでアメリカなんかと仲良くするんだよ！
我が中国は、100万人以上が朝鮮戦争で
戦死しているんだぞ！！」

東西陣営が激突した朝鮮戦争。
共産側の主力は北朝鮮やソ連ではなく、中国だった。
毛沢東の息子も朝鮮戦争に参戦したが
米軍機が投下したナパーム弾の1300度の熱に焼き殺された。

その朝鮮戦争の休戦から、わずか3年しか経っていない。
にもかかわらず、西側諸国と手を取り合えと言うソ連に
毛沢東は我慢ならなかったのだ。

さらに、フルシチョフは共産党大会でこうも言った。

○「今まで我々ソ連はスターリン個人による独裁だったけど
それは間違っていた。
独裁体制はもうやめにしよう。」

それに対して、毛沢東は

「中国で独裁をしている俺へのあてつけなの…?」

と感じた。

この中ソ対立はそれから長い間続き
1966年から始まった文化大革命では
中国からソ連に対する敵対心が最高潮に達した。

それが起因して、1969(昭44)年に
中ソの国境に位置する珍宝島を奪い合うという
大規模な軍事衝突にまで発展する。

26章
戦後ソ連史

05 そこまでやっていいとは言ってない

確かに、WWⅡにおいては、東欧の人々はソ連に感謝していた。
スラブ系民族の絶滅を図ったナチス＝ドイツをソ連が追い出し
長年にわたって搾取してきた地主どもを
ソ連が皆殺しにしてくれたからだ。

しかし、一方でスターリン体制は息苦しかった。
スターリンの指導のもと、東欧諸国では
共産党独裁体制が敷かれ、集会や発言の自由がなかった。

ちょっとでもみんなの前で
「経済活動の自由」や「思想信条の自由」の話をすれば
政治警察が飛んできて、令状なしに連行された。

均等に与えられたパンと引き替えに人々は
ほぼ10年にわたって、息を潜めることを強いられてきた。

そんなときに行われたのが、スターリン批判だった。
期待と衝撃が走った。

「ソ連の言うとおり、スターリンは間違っていたのだ。
このスターリンがつくった息苦しい体制を打破すべきだ。
自由に会話ができて、自由に集会を開ける。
いろいろな思想の政党が選挙に出て、みんなで選挙をする。
そんな国をつくろう。今のソ連は認めてくれるはず！」

363

しかし、ソ連は東欧のこの動きを認めなかった。
この点においては、陽気なハゲではなかった。
彼は低い声で、こう言い放った。

「確かに、我々は言った。資本主義との融和を進めようと。
しかし、だからといって、君たち東欧諸国が
ソ連の支配下から外れることは許さない。」

フルシチョフのその態度に、東欧の一部は挑戦した。

ポーランド西部の工業都市ポズナニの労働者が反ソを宣言。
対して首都ワルシャワは、フルシチョフに従ったため
内戦となった。

結果はポズナニが落ちて、ワルシャワの政府側が勝利した。
これは「自主解決」と呼ばれた。

一方、ハンガリーは国全体がソ連からの離脱を宣言。
それに対して、ソ連は赤軍を投入した。

わずか12年前の二次大戦末期には
解放軍として迎えられたソ連赤軍を
今度は一転して、ハンガリーは侵略軍として迎え撃った。

しかし、自由への意志と、数千人の市民は
ソ連製の戦車に踏みつぶされ
ハンガリーの都ブダペストはソ連軍の手に落ちた。

26章
戦後ソ連史

06 学生vs戦車…プラハの春

フルシチョフが第一書記就任中に起きた
1956年のポズナニ暴動、ハンガリー動乱。
これらは前述したとおり、ともに鎮圧された。

ソ連は強力な指導を展開。
東欧において、反ソの風潮を抑圧した。

しかし、ポズナニ・ハンガリー両暴動から12年後の1968年。
フルシチョフに次ぐ、ブレジネフのソ連書記長就任中に
再び大きな反ソ暴動が発生した。

7ヵ月にわたるこの暴動は、のちに「プラハの春」と呼ばれた。

1968(昭43)年は世界的に学生運動が盛り上がっていた年だ。

チェコの都プラハは
東欧最古の大学、プラハ大学を擁する先進地域。

そこでは民主化・自由化を求めて
チェコ共産党独裁に対する学生運動が
盛り上がりを見せていた。

民主的・自由主義的な新政権もでき
大衆にも広範に支持された。

しかし、ソ連軍はチェコ＝スロヴァキアに侵攻した。

そして、ブレジネフは、こう述べた。

> 「社会主義陣営全体の利益は、各国の利益に優先する。
> ゆえにチェコ＝スロヴァキア政府が国を挙げて
> 自由化・民主化を目指しても、我がソ連軍は粉砕する。
> 社会主義陣営の国家は、完全な主権国家ではない。
> その主権は社会主義全体のために制限されるべきだ。」

このブレジネフ＝ドクトリン（制限主権論）のもと
古都プラハの石畳も、人々の自由への意志も
ソ連軍の戦車で粉々になった。

ブレジネフ＝ドクトリンは、東欧諸国に対する
「今後、動いたら殺す」という宣言と考えてよい。
実際、プラハの春以降、大きな反ソ暴動は起きなかった。

26章
戦後ソ連史

07 俺の敷いた軌道の上だけで動け

東欧諸国はソ連の「衛星国」と呼ばれた。
ソ連という太陽の周りをぐるぐる回って
付き従っているだけの国。
軌道から外れて主体的に動くことのできない衛星。

さて、ブレジネフ＝ドクトリンをもう少し丁寧に見たい。
ブレジネフは「社会主義陣営全体の利益」と言っているが
これは本音ではない。

フルシチョフ時代のポーランド・ハンガリー暴動は雪どけ期に
ブレジネフ時代のプラハの春もデタント期に起きた。
ともに、資本主義諸国と仲良くしたいという時期である。

つまり、世界革命論を振りかざす時期ではない。

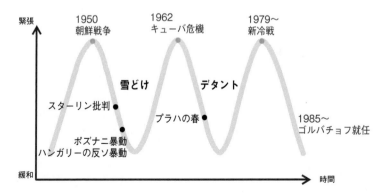

では、なぜ
ポーランドの、ハンガリーの、チェコ＝スロヴァキアの
離脱を断固として許さないのか？

それは、「防波堤」がなくなるのが怖いから。
「防波堤」がなくなることによって
大きな犠牲を払うのはもう嫌だからだ。

08 ソ連のトラウマ…防壁としての東欧

ソ連では…ロシアでは…
たくさん、たくさんの人が死んだ。

江戸時代の後半にあたる、1812年。
ナポレオンが、60万の大軍を率いてロシアに攻めてきた。
そして当時のフランス軍は、食糧を現地で収奪する軍隊。

これに対して、ロシアは焦土作戦をもって抵抗した。
具体的には、ロシア人はロシアの畑を焼き、ロシアの家を壊しロシアの井戸に毒を投げ込んだ。
自らの土地を荒らし、フランス人の収奪を防いだのだ。

そして作戦は功を奏し、フランス軍は撤退した。
だが、同時にたくさんのロシア人が空腹と寒さで死んだ。

また二次大戦時1941(昭16)年には
ナチス=ドイツが攻めてきた。
目的は、東欧・ソ連のスラブ系民族の殺戮と奴隷化。
もう1つの目的は共産主義の殲滅。

ゲルマン民族の胃袋を満たす生存圏の獲得と
地主国家ドイツの敵である共産勢力の根絶が
その目的であった。

あのフルシチョフも、スターリングラードの戦いで
ドイツ軍に包囲され、彼の息子も戦闘機で出撃したが
とうとう帰ってこなかった。
またブレジネフも、東欧でつらい撤退戦を経験している。

ソ連にとって、東欧は自国防衛の要である。
ナポレオン軍もナチス軍も、東欧を経由して攻めてきた。
ゆえに、ソ連は防波堤である東欧の離脱を決して許さなかった。

26章
戦後ソ連史

09 自身の道を歩め…東欧革命

さて、東欧革命の結末を、前倒しで紹介する。
くわしい経緯は次の章で。

プラハの春から20年後の話だ。

その間に、ふさふさのブレジネフから
ハゲのアンドロポフ。次はふさふさチェルネンコ。
そして大事なのが、ソ連時代最後のハゲ、ゴルバチョフの話。

冷戦における敗北を事実上、認めたゴルバチョフ。

彼は1988(昭63)年にブレジネフ=ドクトリンを放棄した。
すなわち、「お前ら好きにやっていいよ」と
東欧へのソ連の指導性を放棄したのだ。

これで東欧は自由になれた。

余談だが、酔っ払った年寄りが、泣きながら歌う洋楽に
フランク=シナトラの「My Way」という曲がある。

ソ連はそれまで東欧諸国に軌道上にいろ…と強制していたが
ゴルバチョフは、これからは「My Way」を進めと言った。
これをシナトラ=ドクトリンと呼ぶ。

10 パラボラアンテナで一気に東欧革命

1989(平元)年。
日本でも BS（衛星）放送が始まった年。

ソ連は指導性を放棄したが
各国共産党は独裁を維持したかった。

また、東欧政府の中には
ソ連の指導性を希望する国もまだあった。

当時、電波範囲が数十キロと限られた
地上波のラジオ・テレビは共産党独裁の厳重な管理下に置かれ
社会主義圏の一般庶民は、世界情勢を知ることができなかった。

しかし、衛星放送がこの状況を一変させた。
世界は外国のテレビ放送を受信できる時代になった。

国家警察の目を盗み、パラボラアンテナを夜空に向ける。
資本主義諸国の豊かな暮らしを、ブラウン管が映し出す。

人々は気づく。
自分たちがいるのは楽園ではなく、地獄であると。

革命が起こった。

26章
戦後ソ連史

そして、その革命の様子が、衛星放送を介して隣国に流れる。
この連鎖反応により、1989年の秋冬に
怒濤の如く、東欧の共産党独裁国家が倒れていった。

衛星放送は、ソ連の衛星諸国を完全に消滅させた。

余談になるが、
活版印刷の登場により、宗教改革が成功したように
新しいメディアは、新しい政治へと移行させる。

11 立派なミサイルと みすぼらしいキッチン

話をフルシチョフの時代に戻そう。

ソ連はミサイル技術において、アメリカに先行した。
世界初の人工衛星スプートニクを打ち上げた。
つまり、ICBM（長距離核ミサイル）を世界で最初に
手にしたのだ。

焦ったアイゼンハウアーは、フルシチョフを
大統領専用の別荘、キャンプ＝デーヴィッドに招いた。
アメリカはソ連が怖いから仲良くした。

しかし、フルシチョフの機嫌を取る裏で
アメリカは長距離偵察機 U2 を飛ばしまくっていた。

ところが、1960(昭35)年
U2 がソ連の迎撃ミサイルに撃ち落とされた。
フルシチョフは激怒した。

「**仲良くしようと言っていたのに
なんで偵察機なんて飛ばすんだ！**」

この U2 事件で東西の緊張が一気に高まり
翌 61 年にはベルリンの壁が築かれ
さらには 62 年のキューバ危機にまで至った。

26章
戦後ソ連史

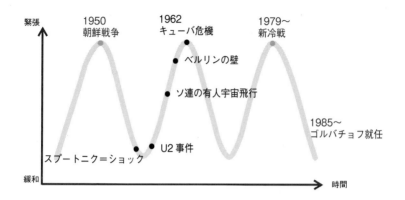

しかし、U2事件だけがベルリンの壁、キューバ危機を招いたわけではない。

米国史でも述べたが、その背景にはソ連の軍事的優位があった。

1961年4月にソ連は世界初の有人宇宙飛行に成功した。その宇宙船のパイロットはガガーリン。

彼が乗ったヴォストーク1号は、地球の周りを一周した後にソ連領内の牧場にきれいに着陸した。

ガガーリンを狙った地点に落とせたということは、核ミサイルも狙った地点に正確に撃ち込めるということ。

ガガーリンの有人宇宙飛行の成功は、世界に知らしめた…今や、世界中がソ連のICBMの射程内にあることを。

米国はビビって反撃してくるまいと
ソ連は強気にベルリンの壁をつくり
キューバにミサイルを搬入し、のちのキューバ危機に至った。

さて、今回は、ソ連の宇宙開発の栄光ではなく、影を伝えたい。

ガガーリン帰還の際のエピソードである。

世界で初めて宇宙へ行き、戻ってきたガガーリンを
フルシチョフは自ら出迎え、その手で勲章をつけようとした。

ところが、勲章の針はガガーリンの軍服を通らなかった。
ソ連の軍服はあまりにも粗悪すぎたのだ。

確かに、ソ連はミサイル技術で米国に先行した。
しかし、アメリカのキッチンが家電に囲まれたのに対し
ソ連の台所にはガスレンジすらなかった。

国民生活に直結する農業や軽工業は
ロケットのための犠牲になっていた。

農業政策の失敗と
キューバ危機の譲歩を他の共産党員に責められ
フルシチョフは失脚した。

26章
戦後ソ連史

12 東側にはガンガンいったブレジネフ

ハゲのフルシチョフの後継者がふさふさのブレジネフだ。

キューバ危機を乗り越えた東西陣営は
デタントの時期を迎える。
ブレジネフはデタント期のソ連指導者。

確かに、キューバ危機後はデタント期（緊張緩和期）。
NPT（核拡散防止条約）や SALT Ⅰ が締結されている。

確かに、ブレジネフの晩年、
アフガン侵攻をしかけ、新冷戦を始めてしまうが
それまでは、東西間の空気は穏やかだ。

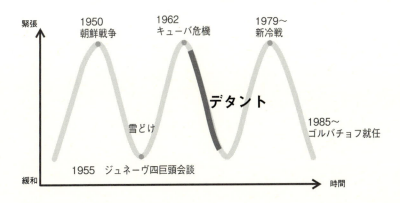

377

しかし、ブレジネフは基本強気。
キューバ危機で譲歩しすぎたフルシチョフの失脚も見ている。

社会主義陣営内部における抗争にはガンガンいった。
プラハ大の学生には、春の機銃掃射を浴びせた。

中ソ対立はエスカレートし
珍宝島（ダマンスキー島）をめぐって
川沿いに65万人もの兵隊を並べた。

ブレジネフは、同じ陣営内部に対しては、ガンガンいった。

13 最後の緊張で相次ぎ倒れる老人たち

26章
戦後ソ連史

東西両陣営のデタントは1979(昭54)年、
ソ連のアフガニスタン侵攻によって終わりを迎えた。

強気のブレジネフに対し
当初、アメリカは弱気のカーターが相手どった。

だが、1980年の選挙では
「強いアメリカ」を掲げたレーガンが当選。
東西の緊張は3度目のピークを迎える。

この緊張感はただならぬものだったのか
新冷戦時代、ソ連の指導者は相次いで病死した。

ふさふさのブレジネフは1982年に死亡。
ハゲのアンドロポフは1984年に死亡。
ふさふさのチェルネンコは1985年に死亡。

小学生の筆者は
ゴールデンタイムに何度も流れるソ連の葬式を
再放送と勘違いするほどだった。

14 東西陣営 最後のにらみ合い

ソ連のアフガン侵攻に対し、「強いアメリカ」のレーガンの登場。
以降、再び顕在化した米ソの対立。

1980年代前半は、東西陣営最後のにらみ合いである
新冷戦の時代であった。

80年代の米ソは、軍拡競争で互いにしのぎを削っていた。

1965年のヴェトナム戦争は
人類史上最も金のかかった戦争だが
この時期の米ソの軍事費はそれをはるかに上回っている。

特に、アメリカの軍拡への入れ込み具合を物語っているのが
レーガンの打ち出したスターウォーズ計画。

これは人工衛星からレーザー光線を発射して
ミサイルを迎撃しようというもの。

もちろん、ソ連もアメリカに対抗するべく
莫大な人的・物的資源を軍事に投入した。

米ソの軍拡競争は双方に大きな財政負担を強いた。
そして、ソ連の方が先にギブアップした。

26章
戦後ソ連史

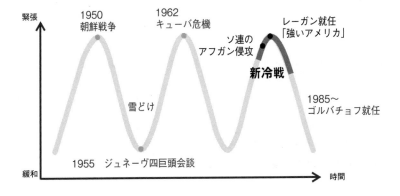

15 ロケットから携帯電話へ

WW Ⅱ終結から続く、世界の覇権をめぐる米ソの冷たい戦争。
その最後の局面である新冷戦に、ソ連は敗北した。

なぜ、ソ連はアメリカに負けたのか？
その理由は、アメリカではハイテク産業が発展し
その利益を軍拡に回せたから。

ソ連の軍事開発と比べて、アメリカの軍事開発は
ハイテク産業の発展にも大きく貢献した。

ソ連は計画経済。
政府指導のもと、必要と思われる分野に資源を投入し
計画的に経済を成長させることができる。

得意分野は重化学工業。「コンビナート」もロシア語だ。
重厚長大型産業は強い。
重く、厚く、長く、大きなロケットをソ連は打ち上げた。

遅れをとってしまったアメリカ。
特に、ロケットエンジンの出力の差は大きかった。
しかも、エンジン開発には時間がかかる。

エンジンではソ連に追いつけない。
そこでアメリカは考えた。

**26章
戦後ソ連史**

軽く、薄く、短く、小さなロケット開発を目指そうと。

この軽薄短小の技術は民間転用され
携帯電話などのハイテク産業を大きく発展させた。
アメリカはこの利益を軍拡に回すことができた。

ちなみに余談になるが
携帯電話の中身も、新冷戦の副産物である。

インターネットの開発目的は核攻撃を受けた際に
残った基地どうしで連絡を取るための
全方位ネットワークの構築。

GPSはミサイル誘導が目的。

携帯電話は新冷戦の結晶なのである。

16 ゴルバチョフ登場…冷戦の終結

1985(昭60)年、ゴルバチョフが書記長に就任した。
これが事実上の冷戦の終わりと言ってよい。
以下、ゴルバチョフの内政と外交およびその影響を説明する。

まずは内政面。

ゴルバチョフは「立て直し」(ペレストロイカ)を始めた。
これまでの計画経済に基づくソ連の経済体制を見直し
一部ではあるものの、市場経済の導入を図った。

また、「立て直し」の一環として
グラスノスチ(情報公開)を推し進めた。

グラスノスチの契機となる
チェルノブイリ原発事故については
後の節に説明を譲る。

ソ連の「立て直し」に尽力したゴルバチョフであったが
これらの改革は結果的に
ソ連崩壊の引き金となってしまった。

市場経済の導入が、かえって経済の混乱を招き
情報公開が、共産党独裁への不満を表面化させたためである。

続いて外交面。

ゴルバチョフは新思考外交を展開した。
資本主義陣営との融和や、東欧諸国への締めつけの緩和、
中ソ対立を終わらせる全方位外交である。

これは事実上、冷戦におけるソ連の敗北宣言に等しかった。
つまり、東側陣営をまとめ、米国に対抗するだけの力は
もはやソ連にはないということを認めたのだった。

その後、1989(平元)年のマルタ会談で
冷戦は正式に、形式的にも、終了した。

17 財政難は軍縮を促す

ゴルバチョフは核軍縮を進めた。
具体的には、INF（中距離核戦力）全廃条約や START Ⅰ。
START Ⅰ では
保有核弾頭とその運搬手段の削減に米ソが合意した。

そもそもソ連の冷戦敗北は、軍拡競争による財政破綻の結果。
軍拡は巨大な赤字を生み、財政は火の車。
それは勝者のアメリカにおいても同じだった。

ゆえに、米ソは
「お互い金のかかる兵器は減らそうね」と歩み寄った。

26章
戦後ソ連史

18 チェルノブイリとグラスノスチ

ゴルバチョフが就任した翌1986(昭61)年、
当時ソ連の構成国であったウクライナで、大事故が発生した。
チェルノブイリの原子力発電所4号炉が爆発したのだ。

大量の放射性物質が空中に噴き上げられ、火災が発生した。
多数の消防隊員が炎に焼かれ、放射能に冒されながら
消火をして、やっとほかの3つの原子炉への延焼が防がれた。

しかし、事態はこれで収束したわけではなかった。
漏れ出した放射能が、さらなる被害を生んだのだ。

そして、この情報開示が遅かった。あまりにも遅かった。

発電所の近く、距離にしてわずか3.5kmの場所に
発電所作業員とその家族の暮らす
プリピャチという町があった。

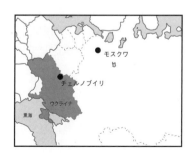

このプリピャチに住む4万5000人に対する緊急避難命令は
爆発から36時間後に初めて出された。

これほどの大事故にもかかわらず
2日後に、簡単なテレビ報道があり
4日後に、新聞に4行程度の記事が載っただけだった。

何も知らされないまま、放射性物質は
トルコ・イタリア・スイス・ドイツにまで広がった。
汚染された牧草を、牛が食べた。

のちに事態の深刻さを知ったドイツでは
すべての牛が殺処分された。

このように、情報の開示が遅れたことにより
対策が打てなかったため、被害はより大きく、深刻となった。

どうして事故の情報開示が遅れたのか？
理由は、ソ連が共産党独裁国家であったからだ。

社会主義国家ソ連に民間企業はなく、すべて国営企業。
新聞社・ラジオ局・テレビ局、すべて国営。
かつ、要職のほとんどは共産党員が独占している。

ゆえに、ソ連共産党に不利な情報を流さない。
少なくとも、流す場合には躊躇する。
そもそも、ソ連ではマスコミ自体が発達していない。

26章
戦後ソ連史

一方、民主主義国家では、国民が政治権力を握っている。
ゆえに、その政治判断の材料としての情報が大切になってくる。

アメリカでマスコミが発達している理由は
アメリカが民主主義国家だから。

チェルノブイリの一件をきっかけに
ゴルバチョフは段階的に民主化を進めていく。
その大きな過程の1つがグラスノスチ（情報公開）であった。

19 ソ連、最初で最後の大統領

ゴルバチョフはペレストロイカを進め
書記長から大統領になった。

書記長とは、ソ連共産党の執行部のトップ。
共産党大会で決まったことを、実際に調整・実行していく役目。

ここで注目したいのは
書記長は、共産党員によって選ばれるということ。
国民によって選ばれるわけではないということ。

それに対して
大統領は選挙によって、直接国民に選ばれたトップ。
ここに書記長と大統領の違いがある。

ソ連の民主化は進んだ。
共産党独裁から、国民の政治参加が進んだ。

ゴルバチョフはソ連初の大統領になった。
だが、それはソ連最後の大統領の誕生でもあった。

20 ソ連崩壊

1991(平3)年の年末、ソ連は解体した。
バラバラになった。
社会主義という基軸を失ったからだ。

ソ連の正式名称は「ソビエト社会主義共和国連邦」。
ソ連は連邦国家だった。

この連邦国家という概念は
我々日本人にはわかりづらいかもしれない。

たとえば、日本やフランスは単一国家である。
つまり、まず日本という国家があって
これを統治しやすいように47都道府県に分けている。

一方、連邦国家は複数の国や地域が連なって
1つの大きな国家を形づくる。
アメリカは代表的な連邦国家だ。

アメリカは、カリフォルニアという国（＝州）や
ペンシルバニアという国（＝州）から構成されている。

The <u>United States</u> of <u>America</u>
　　（結合した国々）（アメリカ地域の）

ソ連もアメリカと一緒の連邦国家だ。

ソ連もザカフカースやウクライナ、
ベラルーシにロシアなどという国が連なって、できていた。

ソ連の解体というのは、アメリカが解体して
50の国（＝州）がバラバラになるのと同じこと。

ソビエト社会主義共和国連邦。
この国名は世界で初めて、地名が含まれていない国名である。

ソビエトは地域名ではない。
ロシア語で、「会議」という意味である。
つまり、ソ連とは"会議"社会主義共和国連邦のことである。

地名がない理由は、建国当初は「世界革命論」を唱えていて
世界中に社会主義を拡大し、全世界をソ連に組み込もうと
考えていたから。

ソ連は社会主義という理想で
各国・各民族を束ねていたと考えてよい。

もちろん、ソ連の面積の大部分を占めるのはロシアだが
ほかの国々もしっかり、ソ連を構成していた。
たとえば、スターリンはロシア人ではなく
アジア系のグルジア人である。

医療・教育も平等に分配された。
つまり、社会主義的に分配された。

しかし、その社会主義がペレストロイカによって変更を迫られみなをまとめる支柱がなくなったと言ってよい。

今まで、ソ連を構成していた各民族の各共和国が
連邦から離れ自立することになった。

これがソ連解体の構造的な理由だ。

21 バラバラには ならなかった軍隊

さて、解体されてしまったソ連だが
その大部分を引き継いだのがロシアである。

ロシアは核ミサイルや艦隊など
ソ連軍の攻撃戦力や外交を継承した。

ちなみに、軍事力だけでなく、「ハゲふさの法則」も継承した。
ソ連のハゲ大統領ゴルバチョフの後は
ロシアのふさふさ大統領エリツィンだ。

ここで補足を1点。
ゴルバチョフはソ連全体の大統領。
エリツィンはソ連を構成するロシア共和国の大統領。

アメリカでいえば、
ホワイトハウスのアメリカ大統領と
カリフォルニア州知事との違い。

22 プーチン帝国

2000年、ロシア大統領の座はエリツィンからプーチンへ。
これ以降、ロシアはプーチン帝国と呼ばれるようになる。

2008年、プーチンは大統領を辞し
若いメドヴェージェフが後を継いだ。
ただし、彼はプーチンの操り人形。

ロシア憲法では
3期連続で大統領を務めることは禁止されている。

ゆえに、プーチンが再び大統領になるためには、一度
メドヴェージェフに大統領の座を譲る必要があった。

2012年、プーチンは大統領に復帰した。
つまり、旧ソ連時代から続く「ハゲふさの法則」は
現在でも貫かれている。

23　今も昔も警察国家

プーチンはソ連が誇った諜報工作警察組織KGBのスパイ出身。

軍隊格闘術のサンボをマスターし、柔道の段位は8段。
「唯一、素手で人を殺せる大統領」とも呼ばれる。

そんなプーチンがロシアの大統領を務めているということは
現在でもロシアが強力な警察国家であると言ってよい。

ロシアというのは、ロマノフ朝時代からソ連、
そして今のロシア連邦にかけてずっと警察権力が強い。

24 ソ連崩壊が引き起こした内戦

26章
戦後ソ連史

ソ連時代は社会主義を軸として、各民族の共和国が
平等を目指し、相互扶助を展開していた。
ロシア人とウクライナ人の区別は、それほど重要ではなかった。

ロシア人もウクライナ人も
ソ連軍兵士としてナチス＝ドイツと戦った。

黒海に臨むクリミア半島の軍港セヴァストーポリや
オデッサに多数のロシアの軍人が入ってきても
問題はなかった。

しかし、ソ連の崩壊がこの状況を変えた。
社会主義という柱がなくなり、ナショナリズムが台頭した。

ウクライナ人は思った。
俺たちのウクライナに、ロシア人がいる。

ロシア人は思った。
俺たちロシア人がこんなに住んでいるのに
なぜ、ここはウクライナなんだ？

やがて、両者の対立は内戦にまで発展する。
2014年、ウクライナ西部のウクライナ人と
ウクライナ東部のロシア人が衝突した。

これがウクライナ内戦である。

また、ロシアは黒海艦隊の母港である
セヴァストーポリ軍港を含むクリミアを併合した。

このため、ロシアは国際的制裁を受けている。

一番、分かりやすいのは
米英仏独日伊加露の首脳が集まっていたサミットから
仲間はずれにされたことだ。

以前は、ロシアを含めてG8（主要国首脳会議）だったが
ロシアを省いた結果、G7（先進国首脳会議）になった。

ちなみに余談。

ロシアは確かに大国であるが
一人当たりの所得や生活水準を考えると先進国とは言えない。

ゆえに、ロシアが参加したサミットは
「主要国首脳会議」と呼ばれた。

26章
戦後ソ連史

25 ナショナリズムが動かす原子力発電所

ソ連時代、ウクライナ北部でチェルノブイリ原発事故が起きた。
あれだけ、原発で痛い目にあったウクライナ…
しかし、ウクライナはさらに原子炉を建設している。

理由は…ロシアと対立しているからだ。

ソ連時代、ウクライナはロシアからエネルギーをもらっていた。

ロシアは石油や天然ガスが
全輸出額の3分の2を占めるほどのエネルギー大国。
その埋蔵量も膨大で
石油は世界で6位、天然ガスに至っては世界1位を誇る。

ソ連時代、
ウクライナ人は同志であるロシア人に小麦を渡し
ロシア人は同志であるウクライナ人にエネルギーを渡した。

しかし、ソ連崩壊後、彼らは同志ではなくなった。

民族意識を高く持ってしまったウクライナは
チェルノブイリの悲劇を経てもなお
また新たな原発をつくっているのだ。

戦後ポーランド史

01 電気工のおっさんが大統領に

歴史上の人物というのは基本、エリートだ。
士官学校出身の軍人とか、名門大学を卒業した政治家とか。
そんななか、造船電気工のおっさんも頑張った。

時は1956年のポズナニ暴動から約25年後。

労働者の共産党独裁への不満はなくなるどころか
さらに強くなっていた。

共産党員のほとんどは
大学でマルクス経済学を修めたエリートたちである。

これには全世界に共産党ネットワークをつくったレーニンが
熱烈なエリート主義者だったことも関係している。

そんなエリートは以下のように考える。

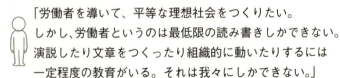

「労働者を導いて、平等な理想社会をつくりたい。
しかし、労働者というのは最低限の読み書きしかできない。
演説したり文章をつくったり組織的に動いたりするには
一定程度の教育がいる。それは我々にしかできない。」

ところが、共産党のエリートは「赤の貴族」になってしまった。

27章
戦後ポーランド史

「我々はいろんな工場に視察に行かなくてはならない。
だから、移動中は休めるように高級車に乗るべきだし
いいホテルに泊まって、英気を養う必要がある。」

共産主義は腐っていった。
資本家や労働者という階級を否定する共産主義が
特権階級を生んでいた。
国は違うが、金王朝の支配する北朝鮮がわかりやすい。

これに対してポーランドの労働者は

「我々、貧乏人のための共産党じゃなかったの？
それならいっそ、共産党のエリートに頼るのではなく
自分たちで新たな組織をつくろう！」

と考えた。

こうして、共産党の手を借りず
労働者自身が労働者を率いる自主管理労組"連帯"が
結成された。

この時のリーダーの名前はワレサ。
ポーランドの造船電気工のおっさんである。

確かに、歴史上の著名な人物の中にも労働者出身はいる。
たとえば、世界初の幼稚園をつくったロバート＝オーウェン。
彼は一介の労働者から
のちに綿業王と呼ばれるまでに出世した。

しかし、ワレサは違う。
彼は労働者から出世したのではない。
労働者のままで、つまり、造船電気工をやりながら
連帯のトップになったのだ。

教科書に唯一名前の載っているブルーカラーがワレサだ。
両親が高卒である筆者は親近感を覚える。

話を戻す。
連帯は共産党から弾圧を受けつつも
国民の支持を獲得していった。

1989年の東欧革命の年に
ポーランドで全国民が参加する選挙が実施された。
結果はなんと、上院下院ともにすべての議席を連帯が獲得。
共産党は1議席も取れなかった。

そして、翌90年。
ポーランドでは電気工出身の大統領が誕生した。

ちなみに、ワレサは後に、電気工に戻っている。

28章

戦後ルーマニア史

01 唯一の流血革命

1989年の東欧革命で唯一血を流したのがルーマニアだ。
死傷者は4000人に上ったといわれる。

1965年以降、ルーマニアの最高指導者は
共産党のチャウシェスク。
中ソ対立が激化するこの時期に、彼は中国側についたのだ。
チャウシェスクは、毛沢東の独裁に憧れていた。

ルーマニアといえば、ソ連と隣接する国。
にもかかわらず、ソ連を批判した。
なぜ、ルーマニアにそんな芸当ができたのか？

理由は
ルーマニアが東ヨーロッパの中で例外的に石油が採れて
エネルギー自給の可能な国だったから。

そのため、チャウシェスクは
軍事介入を受けない程度にソ連を批判し
一定の距離を置くことができた。

毛沢東に憧れたチャウシェスクは自身も独裁者になった。
しかし、毛沢東との決定的な違いがあった。
彼は贅沢すぎた。

その象徴が、ルーマニアの「国民の館」。

28章
戦後ルーマニア史

国民の館という名前だが、実際はチャウシェスクの宮殿。
建築物としては、ペンタゴン（アメリカ国防総省）に次ぐ
世界で第2位の大きさを誇り、部屋の数は3000を超える。

チャウシェスクは贅沢だけでなく、権力への執着も凄まじく
1989(平元)年の東欧革命に際して
ルーマニアでは、革命軍と治安部隊との激しい衝突が起きた。

結局、治安部隊が負け、チャウシェスクは銃殺された。
その処刑は全世界のメディアに公開された。

YouTubeに上がっています。
視聴は自己責任で。

戦後アルバニア史

01 ヨーロッパの最貧国

WWⅡ以後のアルバニアの指導者となったのは
対イタリア・レジスタンスの闘士ホジャだった。

ホジャは純粋なマルクス＝レーニン主義を目指した。
アルバニアは世界革命まっしぐら。

世界中の資本主義諸国はもちろん敵。
アメリカと仲良くするソ連も敵。
毛沢東も結局、アメリカと仲良くなった。つまり敵。

敵！敵！敵！
ホジャの目には全世界が敵に映った。
このままでは、世界中から敵が攻めてくるかもしれない…

ホジャはアルバニア全土に
コンクリートの防御陣地をつくりまくり
所構わず地雷を設置した。

スパイ侵入を恐れて鎖国に踏みきり
貿易や援助の受け入れも困難となった。

これってかなりスゴいこと。
欧州が「EECつくって貿易促進！」とか言っているすぐ隣で
現代版スパルタのような
鎖国政策をしている国があるのだから。

29章
戦後アルバニア史

アルバニアの人口は300万と極めて市場が狭く
かつ、鎖国のため工業はできない。

農業・牧畜を頑張ろうにも、埋めに埋めた地雷が
牛の足を吹き飛ばす。

アルバニアは「欧州一の最貧国」となった。
そんなアルバニアにも東欧革命の波が押し寄せ
労働党独裁はなくなり、自由主義国家となった。

ここで、また悲劇が…
自由主義、すなわち資本主義への移行に
旧共産圏の人々は適応できなかったのだ。

特にアルバニアは、ガチガチの共産国家だった。

衣食住が政府から与えられる旧共産圏の人々は
契約や自己責任には慣れてない…というより知らない。

そんなアルバニアに襲ってきたのがネズミ講だ。
国民の半数以上がネズミ講を買い
30%が破産したといわれる。

ホジャ時代の鎖国臨戦態勢のもとで
国民全員が武装していたアルバニア。

ネズミ講が流行った結果、
ネズミどうしの銃撃戦が始まった。

戦後ユーゴスラヴィア史

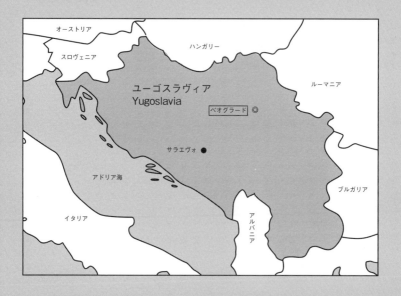

01 五輪開催国で起きた内戦

1990年代、ユーゴスラヴィアは内戦によって荒れに荒れた。
内戦というと、遅れた国のイメージがあるかもしれない。
けれど、ユーゴは違った。ユーゴは進んだ国であった。

たとえば、1984(昭59)年、ユーゴスラヴィアでは
サラエヴォ冬季オリンピックが開催された。

オリンピック開催には金がかかる。
アイススケートのリンクに、スキーのジャンプ台。
観光客を収容できるホテル、移送できる地下鉄などが必要。
ユーゴスラヴィアはこれらの条件を満たす国であった。

しかし、内戦の結果、
オリンピックのメインスタジアムは墓地に成り果てた。

02 広告代理店が起こした戦争

30章
戦後ユーゴスラヴィア史

ユーゴスラヴィア連邦共和国はモザイク国家と呼ばれていた。
5つの民族、4つの言語、3つの宗教、2つの文字。

WW Ⅱ以後、このユーゴをまとめていたのがティトー。
ナチスを追い出した後、その強力なリーダーシップによって
ティトーはユーゴを社会主義の理想のもとに束ね上げた。

ところが、1980年にカリスマ、ティトーがこの世を去る。
さらに、80年代後半のソ連の敗北と東欧革命。
カリスマの死と社会主義の終焉。

1つの国	ユーゴスラヴィア連邦共和国					
2つの文字	ラテン文字		キリル文字			
3つの宗教	カトリック		イスラム	ギリシア正教会		
4つの言語	スロベニア語	クロアチア語	セルビア語		マケドニア語	
5つの民族	スロベニア人	クロアチア人	セルビア人		モンテネグロ人	マケドニア人
6つの共和国	スロベニア	クロアチア	ボスニア・ヘルツェゴビナ	セルビア	モンテネグロ	マケドニア

415

ユーゴの諸民族は
忘れていたナショナリズムに目覚めはじめた。

独立の先陣を切ったのは、スロベニアとクロアチア。
1991年、両地域がユーゴからの独立を宣言すると
それを認めないセルビアとの内戦に発展した。

ユーゴ内戦は
「独立したい各民族 vs セルビア（ユーゴ中央政府）」
と考えてよい。

ところで、なぜ、スロベニアとクロアチアが
最初に独立を宣言したのだろうか？

それは、両地域が他のユーゴの地域と比べて裕福だったため。

卒塾生が以前にこんな話をしてくれたことがある。

「先生！スロベニアやクロアチアで水1本買うと
いくらだと思いますか？
1本100円。全然、日本と生活水準、変わらないんですよ。
でも、少し南のベオグラードに行くと、1本30円なんですよ。」

さて、そもそもユーゴスラヴィアは社会主義国家。
平等な社会を目指していた。
儲けているヤツから貧乏なヤツに、富を再配分していた。

では、その儲けているヤツとは誰なのか？

30章
戦後ユーゴスラヴィア史

経済先進地域であったスロベニアやクロアチアである。
ここからたくさんの税金をとって、社会主義思想のもと
貧乏なセルビアなんかに回していた。

スロベニアとクロアチアの資本家たちは考えた。

「独立したい。
もうユーゴ中央政府に、セルビアに、税を払いたくない。
ティトーと社会主義思想のもとで眠っていた
民族意識を起こそう。」

彼らは独立に向けて、人々のナショナリズムを刺激した。
特筆すべきは、クロアチアの資本家によるプロパガンダ。
メディアを使って、セルビアとの民族対立の顕在化を目論んだ。

クロアチアでは、民族主義を煽るテレビCMが流れはじめた。
番組も一変した。
人々は思い出した。

417

そうだ、俺たちはクロアチア人なんだ…！！

こうして、クロアチアはユーゴからの独立を宣言した。

だが、ナショナリズムに火がついたのは
クロアチア人ばかりではなかった。セルビア人も同じであった。

ある勢力における民族意識の芽ばえは、往々にして
敵対するもう一方の勢力にも民族意識を芽ばえさせる。

ユーゴスラヴィアの都ベオグラードを擁するセルビアでも
ナショナリズムは過熱した。

民族の誇りに燃えるセルビアの民。
セルビアの黄金時代、過ぎ去った日々への想いが
彼らを殺戮に駆り立てた。

我々の大セルビア王国のいにしえの都コソボ。
我々の聖地に今いるのは誰だ？アルバニア系の移民の子孫だ！
我らが聖地に！汚らわしい！消毒してくれる！

民族浄化（ethnic cleansing）が展開された。
内戦はクロアチアだけでなく
ボスニアやコソボにまで波及した。

民族浄化を叫ぶセルビアの虐殺行為に対して
反セルビア勢は再び広告代理店を使ってその悪行を
巧妙に宣伝した。

30章
戦後ユーゴスラヴィア史

ユーゴ内戦は、泥仕合と血祭りといってよい。

上記は1990年代後半の話である。
Windows95が世に出たばかりのときの話。

つまり、インターネット社会ができ上がる前の
まだテレビが最強のメディアだった時代の話。

余談になるが、同時期の湾岸戦争においても
テレビによる情報操作が行われた。

油まみれの水鳥や、イラク兵の幼児惨殺をでっち上げ
テレビは世論を開戦へと向かわせた。

現代はネット社会。
パソコンやスマホさえあれば
誰もが気軽に情報にアクセスできる。

同時に、情報の検証ができたり、建設的な議論もできる。

しかし、テレビ全盛のこの時代にあっては
発信コストが高いテレビは、政府と企業のものであった。
番組はプロパガンダとコマーシャルしかなく
情報の検証や冷静な議論を投げかけることもできなかった。

筆者は当時、高校生から大学生であったが
今、思い出しても恐ろしい時代であった。
ネット社会の方が、100万倍まともだ。

さて、ユーゴ内戦の結末である。

スロベニア、クロアチア、ボスニア・ヘルツェゴビナ、
そしてマケドニアが独立を果たし
またコソボまでもがセルビアから独立した。

ユーゴスラヴィア連邦は粉々になってしまった。

30章
戦後ユーゴスラヴィア史

03 東西ヨーロッパの極端な違い

1991〜93年の各国の動きは興味深い。

西ヨーロッパではマーストリヒト条約が結ばれ
EU（European Union）という
新たな連邦国家をつくろうとした。
ドイツやフランスという邦が、EUという国を構成するのだ。

つまり、西は国の数が少なくなる。
一方、東ではソ連が解体し、ユーゴも解体する。
連邦国家がバラバラになっていく。

このように、同じ時期でも、西と東では随分違うのだ。

戦後のソ連・東欧史は、以上ですべて終了となる。

ゆげ塾　STAFF

企画・執筆	慶應義塾大学経済学部	静直樹	（5期生）
	早稲田大学社会科学部	出町哲太郎	（6期生）

組版・図版作成・塾内校閲・執筆・制作統括
　　　　　　　　東京外国語大学言語文化学部　山岡美潮　（5期生）

挿絵企画・作画	立教大学文学部史学科卒	川本杏奈	（0期生）

挿絵企画・執筆・塾内校閲
　　　　　　　　早稲田大学社会科学部卒　野村岳司　（0期生）

塾内校閲	慶應義塾大学商学部卒	天沼達彦	（1期生）
	中央大学法学部	勝又悠太	（5期生）
	法政大学社会学部	陳俊成	（8期生）
	9期生のみんな		
	10期生のみんな		
	11期生のみんな		
図版作成	早稲田大学文化構想学部	大霜綾乃	（7期生）

監修・著作権者　　名も無き駅弁大学卒　　ゆげ　ひろのぶ

本企画に、ご協力頂いた卒塾生と現塾生に感謝です。
ほんと、よくやってくれた。ほんと、ありがとう。

3時間半で国際的常識人になれる
「ゆげ塾」の [速修] 戦後史（欧米編）

発行日	2017年 5月 20日 第1刷
Author	ゆげ塾
Book Designer	萩原弦一郎　藤塚尚子（デジカル） 長坂勇司［ゆげ塾ロゴ］
Illustrator	川本杏奈　野村岳司
Publication	株式会社ディスカヴァー・トゥエンティワン 〒102-0093　東京都千代田区平河町2-16-1 平河町森タワー11F TEL　03-3237-8321（代表）　　FAX　03-3237-8323 http://www.d21.co.jp
Publisher	干場弓子
Editor	三谷祐一
Marketing Group	
Staff	小田孝文　井筒浩　千葉潤子　飯田智樹　佐藤昌幸　谷口奈緒美　西川なつか 古矢薫　原大上　蛯原昇　安永智洋　鍋田匠伴　榊原僚　佐竹祐哉　廣内悠理 梅本翔太　奥田千晶　田中姫菜　橋本莉奈　川島理　渡辺基志　庄司知世 谷中卓　小田木もも
Productive Group	
Staff	藤田浩芳　千葉正幸　原典宏　林秀樹　石橋和佳　大山聡子　大竹朝子　堀部直人 林拓馬　塔下太朗　松石悠　木下智尋
E-Business Group	
Staff	松原史与志　中澤泰宏　中村郁子　伊東佑真　牧野類
Global & Public Relations Group	
Staff	郭迪　田中亜紀　杉田彰子　倉田華　鄧佩妍　李瑋玲　イエン・サムハマ
Operations & Accounting Group	
Staff	山中麻吏　吉澤道子　小関勝則　池田望　福永友紀
Assistant Staff	俵敬子　町田加奈子　丸山香織　小林里美　井澤德子　藤井多穂子　藤井かおり 葛目美枝子　伊藤香　常徳すみ　鈴木洋子　内山典子　谷岡美代子　石橋佐知子 伊藤由美　押切芽生
Proofreader	株式会社鷗来堂
Printing	大日本印刷株式会社

・定価はカバーに表示してあります。本書の無断転載・複写は、著作権法上での例外を除き禁じられています。インターネット、モバイル等の電子メディアにおける無断転載ならびに第三者によるスキャンやデジタル化もこれに準じます。
・乱丁・落丁本はお取り替えいたしますので、小社「不良品交換係」まで着払いにてお送りください。

ISBN978-4-7993-2099-0
© ゆげひろのぶ, 2017, Printed in Japan.

ゆげ塾の書籍

池袋で世界史を教えるゆげ塾による、マンガで学ぶ世界史書籍。
『構造がわかる世界史』、『中国とアラブがわかる世界史』のほか
続刊も発売予定！

ゆげ塾の
構造がわかる世界史

ゆげ塾・著
ゆげひろのぶ／川本杏奈／野村岳司
飛鳥新社
定価：本体 1,000 円＋税

ゆげ塾の
中国とアラブがわかる世界史

ゆげ塾・著
ゆげひろのぶ／川本杏奈／野村岳司
飛鳥新社
定価：本体 1,000 円＋税

本書『「ゆげ塾」の［速修］戦後史』の続編も
2017 年末発売予定！